U0108321

我
為何成為
美國公民

索爾孟——著

J'aurais
voulu
être
Français

GUY
SORMAN

我的
猶太人
旅程

譯——林舒瑩

推薦序一
瞭解法國、美國的第一手觀察

在 2017 年 12 月的某一天，我接到允晨文化發行人廖志峰的電話，邀請我為老朋友索爾孟（Guy Sorman）出版的新書《我如何成為美國公民》（*J'aurais voulu être français*）中譯本寫序。我不假思索立刻答應，為這位曾經在法國席哈克總統任內擔任總理顧問、獲頒法國榮譽軍團騎士勳章，並曾任韓國李明博總統全球事務顧問的法國重要學者，所寫的新書表達一些我的想法。

我認識索爾孟先生已經許多年了，在我擔任東吳大學教授的時候，也為索爾孟先生翻譯過《美國製造：凝視美國文明》（允晨文化 2006 年出版）以及《印度製造：探索現代印度文明的精神與智慧》（允晨文化 2009 年出版）兩本書。並曾經於 2013 年索爾孟教授應小英基金會邀請來訪之時，擔任蔡英文總統與索爾孟先生對談之口譯工作。事實上，索爾孟教授真的是一位瞭解整個世界局勢發展方向的重量級思想家，在他所著的二十多本巨著裡，索爾孟先生深入探討美國、法國、歐洲、印度、中國、伊斯蘭世界之文化與文明，並且也對世界經濟之發展提出非常精闢的分析。台灣允晨文化在發行人廖志峰先生的理想堅持下，也將索爾孟教授最重要的思想都進行中文之出版。索爾孟教授也說過，由於允晨文化的理想堅持，使得數百萬華人讀者得以理解他的想

法。雖然由於中國出版界對於著作權的漠視，允晨文化並未得到版稅之回饋，但是做對的事，以便逐步改變世界或許才是最重要的事情。

　　本書是索爾孟教授身為一位從波蘭逃難到法國的猶太人後裔，在本書探討他本身對法國與美國這兩個世界重要國家與文明之觀察與看法。索爾孟教授在書裏自認為是一個最「美國化」的法國人與最「法國化」的美國人！因此，在長居於紐約之後，基於完成其父親想要成為美國人的想法，並且也基於其瞭解美國與法國的學識及認同美國價值的想法，因此，於 2015 年在不放棄其法國國籍與法國文化的前提之下，成為美國公民。索爾孟教授沒有掩飾其對美國制度的欣賞，在書裏直接引用在歸化儀式裏美國法官對新移民的勉勵：「為成就美國之偉大與多元文化奉獻心力」，並且認為不可能在別的國家被允許：「不要放棄你的文化、你的風俗習慣、你的信仰，並且從接待國得到好處！」。索爾孟教授更明確指明：「在這個儀式中，我最喜歡的是沒有人強迫我放棄我的法國籍，一下子都沒有。」

　　美國與法國確實是人類追求民主、自由、人權，兩個重要的燈塔。美國的獨立宣言與法國大革命時的人權宣言，均是人類歷史的重要資產。然而，兩個國家也常常在許多外交政策與國家政策有著不同的想法。在美國處理伊拉克戰爭的政策裡，那時候被認為最懂美國的法國總統席哈克，就曾經反對加入美國所組成的國際聯盟，並且於 2013 年 2 月 14 日派遣當時的外交部長德維班（Dominique de Villepin），與美國國務卿鮑威爾（Colin Powell）在聯合國安理會激辯對抗。美國因此舉國上下，對法國極為不諒

解，譴責法國忘恩負義，忘記美國曾經在一戰與二戰派兵解救法國。美國眾議院甚至提議把薯條的名稱進行修改，從法國薯條（French Fries）改為自由薯條（Freedom Fries）。然而，索爾孟教授也提醒，法國一直是美國的盟邦，從未改變過。在美國獨立戰爭與大英帝國作戰時，如果沒有法國派兵以及拉法葉將軍（La Fayette）與羅尚博元帥（Rochambeau）的支持，美國是不可能戰勝英國而獨立建國的。在歐洲大陸的主要國家裡，法國是唯一不曾與美國發生戰爭的國家；在歐洲歷史上，英國、西班牙、義大利、德國都曾經與美國發生過戰爭！

　　法國與美國這兩個國家就是這麼有趣，又是最好的盟友，互相在重要的生存戰爭裏都是盟友，但是，卻又如此在許多重要政策上有著許多極為不同之意見！索爾孟教授將在本書裡，透過其申請成為美國公民的過程中，分享其豐富的觀察，帶領各位讀者進行這樣的精神饗宴，瞭解法國、瞭解美國也瞭解世界！

吳志中

外交部次長

東吳大學教授

2018 年 1 月 15 日於臺北

推薦序二
我們只是我們這個時代的公民

　　索爾孟是法國和美國的公共知識分子，也是「文藝復興人」。他以淵博的整體知識和對古典自由主義的信仰當作準繩，月旦人物，臧否時事，在犀利中看見敦厚，在嚴峻中感受溫暖。無論他對世事如何通達透徹，但他還是甩脫不了作為猶太人在認同方面的迷惘與焦慮。

　　這本書裏面藏有好多人的身影。有托克維爾、雷蒙・阿宏、熊彼得、以撒・柏林、雷根、柴契爾等當代大儒和政治領袖。整本書分兩個主題，一是鉅細靡遺地講述他和妻子、家人遭遇到的猶太身分認同困擾；另一部份是對客觀事務、理念和政策的針砭。其中猶太的身分認同最精彩，也最荒謬，只有流浪數千年，散佈各大洲，永遠的局外人，才能體會那種邊緣、離散和他者的感受。

　　猶太人從古羅馬帝國起就遭到各國的排擠與敵意。到了二十世紀反猶更變本加厲，在蘇聯和德國都受到迫害，只有音樂家和醫生因為被地主國所需要而晚上可以出門，且不會被關、被殺，這是猶太人很多去當醫生和音樂家的原因，但依然被歧視。原因是猶太人沒有祖國，以致沒有國家觀念，兩國開戰都向敵國的猶太人買情報，讓各國對猶太人充滿敵意。羅馬帝國以降，只要快

開戰，第一件事就是把猶太人集中關起來，美國也學會，二戰時期把日裔關進集中營。其次，猶太人精於經商，剝削勞工且吝嗇刻薄，早已令人憤慨，加上他們賄賂當地官員，帶壞風氣，公然讓兒子逃避兵役；賺到錢絕不回饋地方，都藏進銀行或保險櫃裡，十足小氣財神。

由於殺害耶穌的也是猶太人，歐洲各國常拿為耶穌復仇來迫害猶太人。十字軍東征時經過猶太村即大開殺戒，可能比殺害的穆斯林還多。上一任天主教宗曾公開向猶太人道歉，為殺害猶太人請求原諒。

因為歷史的關係，在歐美流浪的猶太人擔憂壓迫隨時再來，所以努力在法律、媒體、學術界頭角崢嶸，以防範反猶運動的逆襲。蘇聯與反猶的納粹德國打得死去活來，給世人造成錯覺以為蘇聯不反猶，因而從對抗納粹的光環中取得一些利益，其實大家都不知道史達林的反猶太主義。

索爾孟從小就生活在恐懼反猶的惡夢裡。他父母想像每個人都有反猶太的影子，看到每個人都先默思他是不是反猶分子。他父母把金屬百葉窗關上，無論白天還是夜晚。索爾孟認為每個人都有權利仇恨和自己想法不一樣的人，也贊成來自英國對反猶太主義的諷刺性定義：「作為反猶太人者，就是仇恨猶太人，無論他正不正常。」

索爾孟認為，姓氏是另一種皮膚，一種沒得爭辯的身分，他最後使用的姓是 Sorman，放棄以前那個多一個n字像德語系的 Sormann。

居住在巴黎，他有了比較後來入籍美國差異的機會。他的家

族成員從 1900 年到 1938 年間離開德國、波蘭與奧地利的，大多選擇前往美國、英國、比利時、澳洲、巴西和法國，很少人選擇去當時叫巴勒斯坦的地方。他的血緣系譜決定了他多國文化的基因，在討論問題時可以隨手拈來，知識上無入而不自得。

　　他比較美國與法國的差異最為精彩。他說美、法之間真正的對比不在財經，而在哲學與公民方面。在法國，每個人必須替所有的人支付健康和教育費用，法國是整體結構。在美國，每個人只付自己的，他們比法國更自由地選擇他們的學校或保險。

　　法國人消費自己的老祖先，兩個世代以來政治生命已吸引不了最優秀、最大膽的頭腦。況且，法國在1970到80年間錯過了全球化和自由主義的轉變。在論及自由主義，作者認為法國的自由主義不像美國的那麼傳統。從托克維爾到雷蒙‧阿宏與如維內爾，法國自由主義傳統上是懷舊的，甚至完全的悲觀主義。

　　本書是一個法國及美國籍猶太裔的自由主義學者的認同敘述。值得注意的是，作者發現「身分」與「認同」之間存在著不固定性與複雜交混的多元性格，因此認同才從早期哲學與人類學的固定單一想像，轉移到對社會、性別、國家與文化屬性認同的探討，特別是關於個人生活風尚與文化公民權的選擇。

　　作者對於法國被稱為人權之地很不以為然，認為是「鬼扯」。他說法國一向比較喜歡世俗的獨裁者甚於信教的民主主義者，並舉例說明法國支持阿拉伯獨裁者的事實。

　　阿拉伯人民的背叛與中國人民的放棄，根據法國的外交，中國人不比阿拉伯人更值得行使自己的公民權。在所有西方國家中，法國政府對中國共產黨顯然是最卑躬屈膝的。作者明白表示

對中國迫害人權難以諒解，並稱呼法國叩頭派是「法國的漢化」，而予以痛批。

他追隨托克維爾把美國與法國並立比較。他說美國民主比較和道德有關，反倒不關制度的事，原因是美國沒有貴族政治，人際關係自然而平等；在法國人人都要凌駕別人之上。在法國，國家被假定是我們自由的保護者，在美國則相反，認為公民自由的主要傷害只會來自國家本身。而國家的概念在中國更不相同，不但是保護人民的機器，也是人民尋找父親時的代理父親。沒有父親，中國人就六神無主。這是西方人無法理解的現象（為什麼共黨一再狂殺人民，人民反而更崇拜黨？洋人不懂棒下出孝子的中式倫理）。

本書最後的結尾十分智慧。索爾孟問哲學家以撒・柏林覺得自己是不列顛人或美國人（他有兩個國籍）、法國人（因為他的妻子）或以色列人？他回答：「真是無聊的問題，我都不是，我們只是我們這個時代的公民。」索爾孟說，時代是我們的深層身分，在我們的證件上，發照日期跟發照國一樣重要。他以下面的句子結束全書：「我們以為自己來自某個地方，其實我們來自某個時代。」

卜大中
《蘋果日報》總主筆

台灣版序

　　我有幾本著作有幸得以中文出版，其中有幾本是在中國北京出版，但大多數都是由台灣的允晨文化公司出版的。對於這份在當代出版界中難得一見的忠誠，我深表謝意。我知道作品能被翻譯成中文出版的法國作者並不多，因此我知道我自己是幸運的。當我在寫本書時，因著這份幸運，我不禁事先揣想這本書將來會不會有中文讀者：這本我用法文敘述的書，在幾年的翻譯時間之後，對於這個想像中的讀者來說是否具有意義？我的回答（也許太過樂觀）是肯定的：這個回答所依恃的正是位於整個文學之源頭的雙重賭注。

　　第一個賭注，是所有語言都可以翻譯成另一種語言：這似乎很明顯，因為我們都很習慣這樣，但一旦細想，又不是那麼明顯。假如一切都能翻譯，就說明我們屬於同一種人性：語言不過是一些實用的交通工具，將一些共同的情感與思想傳送到所有文明中的所有人類。也就是說這些文明共有一整個共同背景，這個在我的老闆──人類學家李維─史陀（Claude Lévi-Strauss）的著作中所特別強調的文化結構或不變式（invariant）之共同背景。我當然是這個理論的信徒，和李維─史陀一樣，我相信，儘管我們分屬於不同的文明，但我們完全可以盡力讓我們互相理解。對

我來說，研究中國五十多年，並且經常前往中國，我總覺得中文與法文之間不是那麼難以溝通。杜甫的詩、宋朝的畫與巴金的小說，都和同時期的法國畫作或文學一樣，很自然地成為我文化知識的一部份。羅馬哲學家泰倫提烏斯（Térence）說，人類的一切，沒有什麼是他不知道的。在瞭解到「所有的個體也都是普遍的（universal）」時，我真想補充他的話，讓它更完整。這就是阿姆斯特丹猶太哲學家史賓諾沙（Baruch Spinoza）在寫「整個宇宙都在一滴水裡」（l'univers entier était contenu dans une goutte d'eau）這句話時所想表達的。所有文學都建立在這個相同的信念之上：小說的主角、作者的想法、傳記與自傳，都是普遍的，無論是極度奇特或因為奇特。

　　也許前面所說的有點自私，因為我設想中文讀者對我非常特殊的、非常個人的歷史會感到興趣。在這本自傳體的書中，我並沒有鉅細靡遺地描寫我的生活，這沒什麼好說的，而是從我的經驗中舉出幾個在我弱小的生命中，得以和偉大的歷史有所交集的幾段事件：希望這個做法能夠以新的和熟悉的角度，說明我那個時期幾個快樂與悲慘的事件。希望我所寫的，能讓人更加瞭解這個神秘的人物是誰，一個歐洲的猶太學者，一個我所屬的類別，因為天命已決。而我之所以描述我是如何變成一個美國公民，又還保留法國籍的過程，是為了說明（假如可能的話）美國的普遍誘惑力，以及古老的歐洲和新世界還有哪些不同。因此我希望中文讀者會想要對我的人物感興趣，進而找出他們自己從奇特到普遍的歷史。有一天，會讓我讀到一本描述和我的經歷平行的經

歷，且有著浪漫的軼事與曲折的自傳嗎？這樣的一本書當然已經
存在，但慚愧的是，我還不認識它。

索爾孟（Guy Sorman）

目錄

第一章

宣誓

　　2015 年 10 月底的巴黎，天空陰陰沉沉，冷冽的空氣，掃過幾許秋意，宣告秋天來臨。我之所以知道，是因為當我住在離法國很遠的地方時，每天早晨我會上網查看天氣。但是在法國，我不會查紐約的天氣，查也沒有用，因為在這裡，在這個被海風吹拂著的曼哈頓，氣溫每個小時都在跳動。

　　紐約，早上九點，天氣晴朗炎熱，典型的秋老虎。在進入掛有前參議員莫伊尼漢（Patrick Moynihan）大名的法院的所謂評審廳（Jury）之前，所有人都必須先進行一連串令人厭煩的安檢，這是從 911 恐攻以來，只要進入公共建築就得做的。被炸毀的華爾街雙子星大樓就在離此不遠處，現在已由自由塔（Freedom Tower）取代：建築結構更好了。我們脫掉外套、皮帶，掏空口袋，把手機交給一位警察，手機會在出口處奉還。今早，在這間法院裡，我將在我的法國國籍中加入一個額外的身分：美國公民。公民身分，這個詞很重要：我變成美國公民，卻還保留法國籍。我將一方面根據美國憲法簽訂一份合約，一方面不放棄我的

法國文化、我的猶太傳承，以及我的自由承諾，而是在我的多重身分中再加一重，美國與法國法律所賦予我的額外一重身分。宣誓儀式是一段一段長途旅程的終點，那是由我父親於 1933 年在逃離納粹那年所開啟的旅程。他希望移民美國，卻在法國落腳。漫長的等待與安檢之後，我終於進入評審廳，精疲力竭地坐在大廳深處大理石柱後的一張長椅上。

巨大的石柱擋住了我的視線，害我看不見我將面對著它宣示忠誠的美國國旗。我面向這面被擋住的國旗，結結巴巴地朗誦誓詞，和三百位新公民齊聲，一個一個字地重複書記官提示我們的句子：「I hereby declare, on oath, that I（停頓）─that I absolutely and（停頓）abjure all allegiance（停頓）」我的新同胞們大多不太會說英語，他們專心地複誦這篇自 1790 年開始就有的文章的古老字詞，卻不甚瞭解其義。美國是世界上第一個以其憲法的普遍使命（vocation universaliste）構成一致入籍法的國家。所有參加者大體上都會瞭解這段集體閱讀、愛國彌撒與入教儀式，會讓我們從幽暗過渡到光明。重複一下一段重要的誓詞：我們不再是某個親王或專制君主的「臣民」，從此以後要「在上帝的幫助之下，支持並護衛美國憲法」。「So help me God.」

上帝來這場世俗的儀式中做什麼？我想，應該沒有花太多心力吧。這位美國上帝是這麼地通俗，以致每個人都頗能適應祂，包括無神論者。一個普世而應時的上帝：In God we trust.（**我們信仰上帝**）這句格言一直到 1955 年，在冷戰的氛圍當中，為了彰顯美國與軍事無神論的蘇聯的不同，才由艾森豪總統把它加到公開儀式中。也是在這段期間，美國的右派政黨在哲學家柯克

（Russell Kirk）的影響之下，更改名稱，並且自稱**保守黨**，這個稱號一直保留至今。在這個有著各種膚色的大會當中，我是稀有的歐洲人之一，唯一的「也許」。當叫到一個我猜是俄國人的名字，官員把公民證發給他時：證書上面有蓋章和簽名，大小和文憑一樣，型式和掛在牆上、用玻璃裱框的證書相同。其他的新美國人，從他們的外貌和名字來看，可說來自各大洲。主持這場儀式的是大衛森（Paul E. Davison）法官，他是一位牧師，以非常流暢的口吻向我們祝賀，恭喜我們成為美國公民。他告訴我們，我們來自四十六個不同的國家；他勉勵我們「為成就美國之偉大的多元與多文化奉獻心力」。大家想像得到別的地方會有個法官請你不要放棄你的文化、你的風俗習慣、你的信仰，並且從接待國得到好處嗎？在法國，一場同等的儀式（若有的話）會非常非常強調融合，甚至同化。

每次的入籍宣誓都不太一樣。一個月後，換我妻子在 11 月 12 日，也就是這裏所謂的「退伍軍人節」（Veterans Day）的隔天變成美國人。那個調性是很陽剛的，兩個士兵因為在阿富汗戰爭中替美國軍隊打仗而得到美國公民身分，儘管他們是外國人：入籍是給他們的回報。司儀宣讀軍隊的頌詞；美國從來都不是和平主義者，即使歐巴馬總統任內也一樣。自喬治·華盛頓建立美利堅合眾國以來，除了 1920 至 1940 年之間的短暫時期以外，美國軍隊就不斷在打仗，不是十九世紀時在邊境打仗，就是在遠方打仗。當天，瑪麗—多米妮各也歸化世界警察，不是因為全國最好戰的熱情，而是因為身為妻子的責任。確實必須要有一種熱情。她被請去揮舞紙做的小國旗，帶頭領唱愛國歌曲〈美哉美

國〉（America the Beautiful），幸好我躲過這段插曲，不用唱這首歌，我唱歌五音不全，而且我不是愛國者。她忠誠地陪我冒這個險；她沒有遭遇和她丈夫一樣的歸屬感問題。幾個世紀以來的家族系譜，把她牢牢地繫在南特（Nantes）與昂熱（Angers）之間最美麗的法國，根深蒂固。她是米什雷（Michelet）所說的關於這些強悍的旺代（vendéennes）婦女的例證，這位歷史學家咸信旺代婦女不僅立下了行為標準，同時讓她們的丈夫在國家陷入瘋狂的時候反抗國家。

在美國，移民的接待並非一直都這麼熱絡。一直到長達半個世紀的推諉之後，西元 1965 年，美國才重新開放，並且不再是白人、歐洲人或基督徒的美國，而是成就了一種全球的形象，沒有例外。我們可以毫無衝突地同時是法國人和美國人嗎？在這個儀式中，我最喜歡的是沒有人強迫我放棄我的法國國籍，一下子都沒有：因為一條可追溯至 1778 年的雙重歸屬法（double appartenance），路易十六的大使佛金斯（Vergennes）與北美十三州（最早獨立的美國）的大使富蘭克林（Benjamin Franklin）之間簽署的美國統一省分認可條約（Traité de reconnaissance des Provinces unies d'Amérique）。此讓美國作家潘恩（Thomas Paine）在 1792 年被選為加萊海峽（Pas-de-Calais）地區的國民公會議員：在我們這個被認為是經驗更豐富、更世界化的時代，還是覺得不可思議。

我於是投身捍衛美國憲法，而不是美國，也不是服從這個憲章的政府；這份美國憲法是恆定的，是社會中的一個中央圖騰，和法國那份擁有相同名稱卻隨著政權、多數黨、形式及支持者的

算計而不同的文件沒有關係。美國憲法是我和我的新國家所簽訂的真實合約。萬一美國把它取消了，我們的協議也結束了。

1787 年成立的這個憲法，及其第一至第十條修正案，也就是統稱的權利法案（Bill of Rights），是最自由的宣言，這個啟蒙哲學的精髓，因二次重要的修正而更完整，也就是 1865 年加入的種族之間的平等權（從此以後禁止美國政府撤銷任何人的公民資格，我就是其中一個），及 1920 年時的婦女公民權。我也很喜歡大衛森法官在儀式一開始就唸給我們聽的憲法序言。從最前面的幾個字開始，就和所有其他政治宣言不同：「We the people...」人民，也就是人，是你跟我，而不是國家，這個更晚出現的抽象概念——1789 年出現在美國——將個人關在貼了標籤的牢籠中。1776 年的創始宣言，除了自由與平等以外——比人權及公民權的法國宣言早了十三年公佈——還加入了一個在人類史上首見，且未列入 1789 年之法國憲法當中的補充權利：The pursuit of Happiness（追求幸福的權利），傑佛遜（Thomas Jefferson）所想出的一種驚人口號。這些對於美國人來說神聖不可侵犯的文字，保護他們對抗極權主義的意識形態及過去與未來的總統的過度行徑：尼克森（Richard Nixon）因水門案醜聞而被迫下台，柯林頓（Bill Clinton）因說謊險遭革職等事件可資證明。

接著牆上螢幕出現：總統歐巴馬歡迎我們到美國，表示要靠我們這些新公民，讓美國繼續擔任「國家之間的燈塔」。我們都知道，美國人自認「優秀」，而事實上，他們的確是，因為從來沒有其他任何國家是建立在一份合約及公民都贊同的個人意志上

的。所有人為歐巴馬的演說鼓掌，這是這個極其冷靜的聚會中唯一的自發性表現，但我卻不覺得特別感動。我也不再因為這樣的行為感動，比我曾經面對的更少，或許是因為這個最終行動讓一段幾年前開始的冗長行政程序圓滿完成。

只有在事先消磨掉所有情緒之後，我才能完成此目標，包括：待填寫的問卷調查、待滿足的條件、事先面談、為了完成檔案而瘋狂尋找一直欠缺的文件……以及我不斷面臨的某些移民官員，不必然都是好的組合。這個官僚馬拉松，已然纏著我跟我太太，長達十年。聽完法官的演說後，所有人一個一個被喊去親自領取公民證：很多人都沒有立即回應，因為他們聽不出他們的阿拉伯文或中文姓氏的英語發音。而曾經在法國努力去接受法國名字與法語發音姓氏，而非希伯來文或德文名字與發音（從 Berl Sormann 變成 Guy Sorman）的我，已然被迫美國化了。Guy 變成 "Gaye"——這用美語來說，是某種我們可以翻成「你好嗎？」的通用格式。我的姓以美語來發音，Sormanne 取代 Sorman，然而我在法國曾經過多年訴訟，才終於獲得讓我父母的姓，Sormann，變成 Sorman。從此以後，Guy Sorman 在法國以法語發音，在美國以美語發音，證明無論在這二個國家當中的任何一個，我都是另一個我。也幸虧這個雙重發音，讓我想要有多重身分，至少二個，及二個連續生活的欲望得以確認。和其他新公民所不同的是，我並非迫切需要此身分：他們，許多是為了逃避貧窮、內戰及專制，終於即將在一個正常的國家，過一個正常的生活。而對於我來說，這是一種文化的選擇，幾近抽象。

激動的瞬間，模糊的視線，眼眶噙著淚水，這些我都沒有。

一路到這裡，沒有一點顛簸，說一句不好意思的話，還蠻奇怪的：什麼，長達十年交織著興奮與氣餒的漫長過程，才終於等到今天？我從這位和藹可親、體貼細心的非裔美籍法官，優秀的大衛森法官手中，拿到我的證書及完成所有手續之後，過去和他握手。擁擠的人群，讓我沒時間和他說說話，只說了一句：「今天，我拿到我父親在 1933 年想要得到的東西了。」這位法官，一下握著我的手，回答：「您是為您父親做的，」他會知道我的整個故事嗎？

變成美國人，是一場等待。等待開始於 2005 年，當時我們，我太太瑪麗—多米妮各和我，決定給自己一段只有美國能夠提供的生命，因為它沒有要求我們要放棄法國籍。根據記載，要是沒有拉法葉將軍（La Fayette）與羅尚博（Rochambeau）元帥的支持（前者是因為和凡爾賽宮廷的公共關係，後者則是因為面對約克鎮的海洋），美國將見不到天日。每個人都可以像旅客一樣住在美國，只須上網登記一下就行了。但我們更希望有一個額外的生活，再加上一本護照、一個地址及一個活動。美國是既開放又封閉：每年有上百萬移民來到這個國家，也有上百萬無任何身分證件的人進入。在四十年的限制之後，國家對於移民的重新開放是為了讓人口多樣化。這變得讓中國人、印度人與墨西哥人比歐洲人更容易變成公民。在我入籍的過程中，我注意到這些新美國人有半數是墨西哥人、多明尼加人或中美洲人，接著是印度人、中國人和非洲人。大部份都是讓家庭得以團聚。對於我和我的妻子來說，必須走一條被法律設置路標，若無律師幫忙將無法通過的更艱難的道路。

　　在美國，律師不只是一個幫你處理你的訴訟與官司的法律幫手：attorney 是你的顧問、你的公證人、教父、監護人。歐洲人繳的稅比美國人多，但在歐洲，政府部門遵守的規則比美國明確，而且政府部門所提供的服務都含在你的稅金裡。而在美國，要是沒有律師（能力好會非常昂貴）幫忙，你將陷入錯綜複雜的法律之中。假如我們誠實地把法國與美國的國家成本做個比較，美國律師的酬金，這些大洋擺渡人，應該被加到明顯的稅收負擔上。這些幫你安然抵達的酬金貴得足以說明假證件行業有多蓬勃。走私者的風險很小很小：只要不離開美國領土，它幾乎就管不到你。沒有人一定要有一張身分證，因為這會讓人覺得是對市民自由的一種侵犯；緊急時，警察只要有照片的文件就可以了，無論是什麼文件。我用的是一張不許我開車的駕照，因為我考試沒過，但駕照證明我試過：Non-Driver ID（非駕駛身分）。紐約市可以給非法移民一張身分證，只要他們能證明他們在此已居住十年且在此進行某項活動，無論是不是地下活動。保守黨的總統候選人每四年都要威脅一次要將千萬非法移民驅逐出境，以遂他們激進又常常是排外的基本原則：這是一種儀式，過去的選擇，什麼都沒有改變，這麼多的非法移民融入社會，也是推動經濟不可或缺的，尤其是農業與服務業。

　　假如我們天生就容易膽怯，而且我們希望成為真正的公民，那麼就只有律師能夠拉著你的手。十年內，我們就像個沒有拐杖的瞎子任人引導，我們歷經多種身分，和鵝棋（jeu de l'Oie，譯註：一種社交遊戲）的格子一樣多，每一步都能在法國和美國之間來回，期間越來越長，而美國也給我們越來越大的權利。從三

個月的普通旅遊簽證，爬到六個月的旅遊簽證，接著是專門給對美國有貢獻的「傑出人士」的 O-1 簽證。在我私下發誓要奉獻時，我從來不認為自己是傑出人士，而對於美國人在沒有我的情況下所做的事情上，我也無法增添任何貢獻。但我的律師表示，在我的學科裡，我是世界唯一，這就是標準。一個只需要再杜撰的學科。在檢查我的出版品及它們的一些稀有語言翻譯時，律師得出一個結論：我是最適合也是唯一能夠分析經濟成長率和貧窮國家的某些文化參數之間的關係的人，這就是個人之間的信心還是人民給或不給他們的政府的信心。提議沒錯，因為這就是我試著要表達的，但我的成功與我的獨創性被誇大了。這位專門提供移民服務的律師，更進一步證明我曾經是法國榮譽軍團騎士團勳章（Chevalier de la Légion d'honneur）得主，一個讓美國人極其嚮往的勳章飾帶。事實是這個小玩意兒應歸功於一些政治友誼，是榮譽勳位獲得者的共同命運。這位業績數量與內容一樣可觀的 O-1 簽證專家，把我曾經出版過的所有語言、書籍與大量批評文章全部集合打包起來（約有好幾個立方），寄給主管機關。移民官員或許是屈服在重量之下，而非證據。O-1 簽證有好幾年的時間都讓我在機場的移民窗口受到尊重。他們問我是否得過諾貝爾獎，我回答「還在努力當中」。

接著是綠卡，這顆讓數百萬想要住在美國、在美國工作的人作夢的芝麻。綠卡幾乎賦予所有權利：居留、來來去去、工作的權利；它不授予投票的權利，但強制你向美國稅務機關申報個人收入，無論收入的來源是哪裡。可以扣除聯邦國家向你要求的稅，那些你在其他地方繳付的稅；原則上我在法國繳稅，而因為

我在那裏執行地方當選人的功能，又因為法國的稅高於美國，因此我不欠美國人什麼。唯一要支付的一張發票是有辦法處理這些錯綜複雜的法律的會計師發票；如同在美國沒有律師很難生活，對於納稅人來說，要自己填寫納稅申報單也很難。此外，美國這個國家對納稅人似乎比歐洲對納稅人寬鬆，但對於法蘭西國（État français）所接受的一大堆義務的公民，它卻捨棄不要。

真是令人失望啊！綠卡並不是那麼好用。和信用卡一樣大的它，近乎綠色，就這樣而已。另一個失望是：當我們想要一個盛大的儀式，或至少由一位聯邦公務人員親手把它交給你，並且親口對你說「歡迎入籍美國」時，它卻是透過郵局寄給你。我們只好退而求其次地守候著紐約眾所周知速度又慢又缺乏組織的郵差。我太太比我早三個禮拜收到。深信被忘了的我，染上了這個可稱之為「德系偏執狂」、經由記憶傳達的遺傳疾病。綠卡終於來了，沒有敲鑼打鼓，而是和一些季節性產品目錄、廣告單、發票一起，靜靜躺在信箱裡。這張卡讓我們成了準美國人，幾乎擁有投票權，享有在機場裏可排在保留給公民與居民的隊伍裡，享受極寶貴的幸福。經過八小時飛行之後，還要花一個多小時在紐華克或甘迺迪機場的窗口前排隊的外國人，會很感謝這個特權。

複雜的入境程序及其帶來的漫長等待，是美國排隊現象的入門儀式。排隊在這裏是普遍與民主的現象：去銀行、郵局、所有行政單位，都要排隊。排隊要求人要保持冷血，要接受沒有任何特權的存在，要知道他是在一個平等的國家。想對那些在機場裏一邊排隊、一邊發牢騷或試著作弊的外國人，說「歡迎來到美國，民主的第一課」。從和美國民主的第一次接觸開始，就對這

個引導排隊前進、導引及整理排隊方向的無懈可擊的邏輯，崇拜得五體投地。某些人倒是比其他人難以適應：尤其是中國人。來自一個沒有規則、不排隊的國家（因為那裏的行、列、次序乃由權力與賄賂決定），對他們來說，等著輪到自己而不去試著在這個新的秩序規範中偷吃一些小步數是很困難的。法國人緊追中國人之後；我記得我們不太習慣於平等原則的推搡拉扯。

碰巧和我一起從巴黎到紐約的電影工作者古爾德（Abraham Gould），也和我一樣被捲入這個等待一小時的錯綜複雜裡。我的旅伴要來紐約拍攝一個有關托克維爾（Tocqueville）事蹟的電視劇，這個故事不是新的，卻一直很賣。這部紀錄片的片名是《*American Placebo*》（《美國安慰劑》），一個有關法國與美國之帝國主義與民主比較的批判性思維。這位電影人找到一位移民官員，他用一種近似英語的語言向這位官員解釋他是誰，他不是隨便一個人，問他是不是有一個專門保留給傑出人士的窗口……他明說，就像特拉維夫機場一樣，禮賓司還給他快速通關的服務。這位官員，也許已習慣於詐騙企圖，也或許完全不瞭解這種謾罵，不發一語地把古爾德和大家一樣送去排隊：在美國，每個人都和大家一樣。一段時間之後，在亞特蘭大機場，席哈克（Jacques Chirac）的一位年輕部長，貝嘎格（Azouz Begag）也發生同樣情況。受邀到亞特蘭大一所大學演說有關法國的融合與美國**平權法案**（affirmative action）之比較的他拒絕排隊：做部長有什麼好處？但當天，他來到美國的身分並不是部長，而僅僅是一位演講者。請像大家一樣排隊！這對曾經在康乃爾大學求學的社會學家貝嘎格來說，應該比任何法國人都更能接受才對。不幸

的是，他一邊激烈地抗議，一邊揮舞著他的外交護照，直到二個警察將他制伏，把他監禁在機場監獄裡。幾個小時後，才由法國領事保他出來。貝嘎格，這位好手，也承認自己衝撞了活躍中的平均主義，而不僅僅是政治科學的理論而已。

隨著我申請公民資格期間的重重行政關卡，我也經過了無數拱門式金屬探測器，耐心地排在蜿蜒在紅色絨布繩之間沒有盡頭的長長人龍中，在廣大的等候室內，每個人手中拿著電腦發的號碼牌，等待叫號，或走到某個窗口，或坐到負責你的檔案的較高階官員前面。在這些情況中，我常常會想到 2010 年一部描寫葛蘭汀（Temple Grandin）的電影，這位患有自閉症的女天才，對於動物的痛苦感同身受：她設計了一張完美的柵欄走道圖，引導牛隻從運送卡車經由上升的圓形路徑走向屠宰場，讓牛隻不會暈頭轉向、瘋狂慌亂。這條如今已被美國所有屠宰場採用的路線圖，可以減輕待宰牛隻的緊張、害怕，不再擁擠推搡。我們不去屠宰場，但同樣的效率邏輯為我們長長的步伐指引方向，而實際上，就像牛隻一樣，也裝滿了我們的緊張。

在這段入門路程當中，保持耐心、遵守規矩、和你的對話者一樣謙恭有禮，這些都還保留在我的記憶中，彷彿這十年當中，我好像只做了排隊這件事。規矩意味著讓你素未謀面也永遠不會再見的移民局官員喊你的名字。名字是民主的精華，而姓氏通常有社會性與種族性。我的名字讓我的對話者辦事更容易，因為 Guy 這個字很容易用美語發音，而且不是名字："Hello Guy"。我太太的名字，瑪麗—多米妮各（Marie-Dominique），就不能用英語發音，這樣一來把她和官員的關係變得更複雜，因為她們都

是女人，所以她們就直率地喊她 Honey。我無法想像，當一個法國的民事官員喊護照申請人 "Ma chérie"（親愛的）時，會是怎樣的情形。

　　最好對這些測驗做一些準備，尤其是最後一個，如果成功了，就可以打開宣誓儀式的大門。最後一關是一場由律師陪同的深層對談，律師要注意的是遵守程序，但不介入考試當中，因為這場考試是：移民局官員要評估你的英語說寫能力，但卻侷限在預先提供的單字表上的有限單字。非英語母語的人就把它記在心裡。接著是提問歷史與政治方面的問題，旨在評估候選人是否多少瞭解他要去的國家：從一百題有關美國歷史的題目當中，挑出十題，十題當中，必須答對六題。這一百題題目都列在一本小冊子上，考試前幾個禮拜已經寄給考生。有些人因為沒有把測驗當一回事，因為看不懂英文題目或他們完全漏掉這些政治主題，而沒有考過。可以幾個月後再來考一次。這些題目幾乎全部的美國人都無法回答，但他們已經是美國人了。他們問我憲法修改了幾次。二十七次，這大多數人都不知道，也不重要。回答一些其他的問題，對我來說很容易：美國黑人奴隸來自哪個大陸？請至少指出一個印地安人部落（美國原住民）。〔我選了切羅基（Cherokees）。〕我太太還知道回答奧巴尼（Albany）以前是紐約州的首府，大半紐約人都不知道這個，也讓考試官大為意外。

　　以上發生的事雖然描述卻沒有解釋，我為何會於 2015 年 10 月 16 日出現在曼哈頓的法院，也無法解釋我為何對著我看不到的國旗宣誓，以及我跟大衛森法官的握手。和法官的短暫交流已強烈說明我出現在此的真正理由：我父親想成為美國人但未竟其

功。為了緬懷他，並走完他的路程，或更正確地說完成他被沙皇、希特勒或貝當（Pétain）等人追捕時的逃亡，我不斷地想變成美國人。輪到我，這個對於只當法國人或無法完全成為法國人而感到心灰意冷的我，選擇了這個額外的身分。接下來是我在我的二個國家之間左右為難的故事：一個是我承襲的法國，我雙親在 1933 年落腳的法國，另一個是他們當初想要去的美國。我的雙重國籍完成了這個家族的歷險記，也說明了是有可能同時來自二個地方，且互不侵犯。只要喜歡多元與民主，並且討厭把靈魂和國家一樣毀壞殆盡的國家主義。不只是要歌頌美國──它不是歌頌──或批評法國──它也不是批評──本書是對國家主義的否決，是對多元文化的頌歌。它以第一人稱書寫卻不是一本自傳。只講我的「我」（je），要比普遍意圖的「我們」（nous）或「人們」（on）更誠實，也更有雄心。"Je"可以「全部」（tout）說到，始於通常「人們」（on）所不認可的，並且像蒙田（Michel de Montaigne）所寫的，可以「完完全全、赤裸裸地」描畫自己。也可以利用它來同時描畫我喜歡的時期（因為我不認識其他的）與我置身的當代。

第二章

在法國，似神仙

　　我父親很少說話：記憶中他說過的話，全部也填不滿一本學校的筆記本。也許是我問的問題不夠多？之後，我試著一點一點重建他的生命：華沙的一處郊區；二十世紀初一個租馬場老闆的兒子；1916 年為了躲避俄國軍隊的招募而逃離華沙；1920 年代柏林的一個年輕雅士；卡賽爾的一家成衣廠；1933 年，為了躲避納粹幫眾，從卡賽爾逃到巴黎；1940 年為了躲避德國人，從巴黎出走洛特加龍省（Lot-et-Garonne）；1942 年為了躲避法國警察，從避難村內哈克（Nérac）逃向阿烈日（Ariège）省山中；1945 年，最後階段，回到巴黎郊區。世紀中的一段生命，跑得比你追的極權意識形態還快，如果可能就保持優秀，並且最終一句話都不說，猶如反射生存的緘默？或者因為在他受共和國教育的孩子們面前無法流利地掌控法語，因而謹言慎行？當他偶爾和我媽媽鬥嘴，或店裏生意不好時及家庭醫生表現沒有效率時的咒罵，都本能地使用他的母語——意第緒語。有些話，不管是法語或意第緒語，都不經意地在我的記憶裏留下了刻痕。比方說，有

些通俗的話：「我從來沒有吃過像在反抗軍時、在阿烈日吃得那麼好，餐餐吃鵝肝醬。」其他比較有意義的，則是說明我們為什麼在那裏落腳，在我們大家都不覺得那裏是家鄉的薩特魯維爾（Sartrouville）落腳，而不在其他地方。我父親無從選擇；是世紀風暴把我們帶往那裡：落腳，不是他自願的。

從 1933 年希特勒掌權開始，我父親就知道必須馬上離開，不可稍待。3 月，他在卡賽爾的店被 SA（納粹衝鋒隊）的暴徒毀了，更加速了他的行動；6 月，他火速離開德國，一個月後，我母親跟上。法國不是他的第一個選擇。他想去西班牙；但西班牙不接受難民，更何況是猶太人。那為什麼是西班牙呢？我忘了問還是忘了答案。如果我相信我曾經問過的美國語言學家杭士基（Noam Chomsky），堅持我們的最初姓氏是左爾曼（Zoermann）的話，那麼我們家族在 1492 年被驅逐之前，很可能就住在西班牙。他們出發前往伊斯坦堡——根據杭士基的說法，前綴字左爾（Zoer）就是從這兒開始——接著往中歐去：西班牙猶太人的一般走法。因此我父親才會想回到西班牙？我懷疑我們的基因會傳達這麼長的一個記憶，而且直到 2014 年，西班牙國會才通過一項恢復被驅逐的猶太人後裔的西班牙國籍的法律：遲來而榮耀的補償。面對西班牙的冷淡，我父親於是轉向他不大信任的美國。在那段時間，只有幾位傑出人士在那裏得到庇護。1933 年，這位卡賽爾的裁縫師，因為沒能對美國的榮譽做出任何貢獻，因此他的請求沒有被受理。直到生命的最後一天還夢想著「重新爬上」第五大道的他，正如他所說的，既沒感受到苦澀，也沒有仇恨，有的只是埋在心中的鄉愁。他從未去過美

國，且僅僅走過香榭里舍大道。還有更糟的命運。

　　他於是留在法國，因為認命，卻也不完全是。所有中歐的猶太人都知道意第緒語「在法國快樂似神仙」（Heureux comme Dieu en France）的意思。在德雷福斯事件（affaire Dreyfus，譯註：德雷福斯事件是 19 世紀末發生在法國的一起政治事件，一位名叫德雷福斯的法國猶太裔軍官被誤判為叛國，法國社會因此爆發嚴重的衝突和爭議。此後經過重審以及政治環境的變化，事件終於 1906 年 7 月 12 日獲得平反，德雷福斯也成為國家的英雄。）之前，這個國家不斷縈繞著他們共同的記憶。從華沙或從我媽曾經生活過的加利西亞（Galicie）地區的萬楚特（Lancut）來看，法國似乎是民權的國家，和大屠殺的俄羅斯形成強烈對比。前一年，我父親剛好離鄉，他去參觀了巴黎與萬森納（Vincennes）的移民展。這個展覽，第一與最後一類，讓歐洲驚呆了。四十年後，我在新加里多尼亞（Nouvelle-Calédonie）遇到一位年輕公務員，一位在這次所謂的異國情調展覽中被自認優越的白人種族「展出的」美拉尼亞人（canaque）的首領：首領跟我說他保留了一個美好的回憶，很高興能夠凝視這群在他的茅屋裏留意到這個回憶，充滿好奇心的人。移民展讓我父親發現了巴黎及讓他養成喝咖啡習慣的蒙馬特多摩咖啡館（le café du Dôme）。當時，以及一直到 1938 年重新關閉為止，法國的邊界都還是相當開放的。

　　到了巴黎，我雙親發現在首都生活超出了他們的資源。在最後一刻，他們迅速處理掉被納粹騷擾的店，賣了幾百馬克，當場兌換成一些金塊和首飾，到法國再把它們賣掉；1940 年，當德

國軍隊進入法國時，他們不斷重複這個絕望的作法。他們用這微薄的積蓄，在巴黎西邊的勒佩克（Le Pecq）買了一間二手衣店及隔壁的小石屋。勒佩克位於郊區，但無論是 1930 年代或戰後初期，郊區這個字眼和今天的郊區意思可完全不同：那是介於鄉村和真正的城市（巴黎）之間的一片荒地。對於民工來說，居住條件是相當簡樸的。一整排小屋總連著一個菜園，人們從工廠回來就會去種菜。在這些郊區，還沒有便宜的公寓。我媽種了一個菜園，我父親不適合任何耗體力的活，不是因為他沒有氣力，而是因為華沙的猶太學校沒有教怎麼使用鏟子。

　　1930 年代的法國，就像許多手冊或當代歷史書中所說的，似乎還處於反「居住在雅典的外國僑民」（métèque）的法西斯協會與報復行為的壓迫之下。家族軼事讓人想起另一個民族（nation），一個更引人注意的民族。我父母法語一個字都不會說，一些老主顧要表達他們想要說的，就透過櫃檯上的一本法德字典。這些謙虛的顧客選擇最靠近他們家的店，以及盡可能優惠的價格，購買主日的服裝，這套服裝通常可以穿一輩子，必要時，還會買他們孩子的宗教服和天使緞臂章。主日服裝──「非常耐穿」──和宗教服，成為這家沒有招牌的店的特產；門板上除了寫著 TAILLEUR（裁縫師）這個字，別無其他。1920 年代，我父親曾經在柏林上過裁縫課，並且得到一張他引以為傲的證書；在還沒有成衣或整套服裝都還是量身訂做的年代，他拿裁縫師那把超重剪刀的方式，真是與眾不同。在這些地區，服裝是像馬肉店或酒商一樣的本地商店，是我們的鄰居。在當代的法國，我們想像得到一個能夠接受一邊和賣主溝通，一邊查看阿拉

伯或斯里蘭卡語辭典的客人嗎？1930 年代的法國人比我們當代人還好客嗎？或許，共同的苦難讓這個與生俱來的寬容重新回來了，沒有人提到有關「身分」或「多元文化」的問題。報紙的運動及反「居住在雅典的外國僑民」的遊行，都是學者與中產階級的事，小老百姓太忙了，忙於生存，忙到無暇去參與。

　　而家族的第一個悲劇也在勒佩克爆發。1938 年夏天揭露了國家的法國（France d'État）的真正本質：國家的法國，非人民的法國。在這個夏天，我父親的哥哥，西蒙，和他的兒子弗利茲從柏林逃到法國。沒有任何資源的他，只好寄住我父母的家。我沒有承繼到任何有關這個時期的檔案；我的父母選擇永遠不要提起。但經由我重新建立起來的家族史，六十年後，我輾轉得到這位伯父的一張相片，相片已然模糊，周圍已呈鋸齒狀，一如相片中的肖像。我們在相片中看到失蹤的伯父，又高又瘦，穿著暗色服裝，打著領帶，在郊區的小花園裡，當時是夏天。他身邊有二個小孩：一個是我哥哥，我們家族中第一個在法國出生的孩子，還有年幼的弗利茲，我逃難的堂哥。對於西蒙伯父，這是最後印象。8 月，二個法國警察，在達拉第（Daladier）政府——一個源自人民陣線議會的左派政府——的命令之下，在勒佩克逮捕他。他們把他帶到德國邊界；他將在史特拉斯堡，萊茵河的凱爾（Kehl）橋上被交給納粹。從這裏開始，一切都很確定：西蒙被放上被法國政府認為「不受歡迎」的難民隊船上。猶太人、共產黨員、反納粹的抵抗者及其他共濟會成員的驅逐出境，都在這座橋上進行。從此以後，再也沒有人談到被監禁、刑求、殺害的西蒙。法國警察，或因為他們的寬容，或因為命令，把兒子和父親

分開，將年幼的弗利茲棄於勒佩克。在這種情況下，我父母只好領養他。達拉迪政府不會驅逐小孩！

在德國入侵前二年，維琪政權〔譯註：Régime de Vichy，正式國名為法蘭西國（法語：l'État français），是第二次世界大戰期間納粹德國控制下的法國政府〕成立前二年，也是在這個相同的政府底下，建立了法國領土上最早的幾個集中營：密勒集中營（le camp des Mille）與佩皮尼楊（Perpignan）附近的里沃薩爾特集中營（le camp de Rivesaltes）。經過 1940 年的瓦解之後，被以莫名其妙的行政術語叫做 Centre d'hébergement（收容中心）的里沃薩爾特，將「接待」（當時的另一個行政術語）我姑姑蘿黛‧葛倫斯潘（Lotte Grunspan）、她丈夫維里（Willie）、我堂姊妍黛‧左爾曼（Yente Zormann）。我在 2014 年得到他們的收容文件，這是布魯塞爾一位我不知道名字，也不知道是否還活著的遠方表哥寄給我的。我不知道他是如何保存這些文件，而他是在網路上找到我的。

對於熟悉這個戰前歷史的學者來說，葛倫斯潘這個名字〔也可以寫成葛林茲潘（Gryzpan）——每次要跨過邊界時，拼寫就因行政抄寫而改變〕喚醒了某些記憶。維里姑丈是我們家族的英雄或反英雄赫歇爾‧葛倫斯潘（Herschel Grunspan）的叔叔。1938 年夏天，十六歲的赫歇爾從柏林到勒佩克旅遊，在我爸媽家過了一夜，之後在巴黎的瑪黑（Marais）區弄到一把左輪手槍。他走去歌劇院廣場的德國大使館，要求見大使。穿戴優雅，頭髮抹了髮油，裝扮比實際年齡大的他，被請到秘書馮拉茲（Ernst von Rath）的辦公室裡。他在馮拉茲胸口開了一槍。赫歇

爾就這樣為他父母，向把他們關押到其出生地波蘭的柏林納粹分子報仇：因波蘭人沒讓他們進去，因此被剝奪了一切的葛倫斯潘家人與其他數千名被驅逐者，重新回到二國邊境的無人區。

納粹領導人欲操縱馮拉茲的謀殺案，要讓世人相信德國是世界猶太陰謀的受害者。在一列從一座城市慢慢開往另一座城市的火車上，馮拉茲的靈柩被展示在一些歇斯底里反猶太的人群面前。謀殺案隔天，SA 軍人把德國猶太商店的玻璃櫥窗全都打破：這就是所謂的水晶之夜，Kristallnacht。1938 年 11 月 9 日，赫歇爾被法國警察逮捕，後者在共和黨人的驚駭之中，拒絕將他交給德國人。直到 1942 年，當蓋世太保抓到他，把他轉移到德國時，他一直在監獄之間移來移去。宣傳部長戈培爾（Goebbels）準備提出一起大訴訟案，證明戰爭初期猶太人所犯的罪行。這場訴訟從來沒有發生，也許是因為赫歇爾死於獄中。但沒有任何證據。於是造就了我表哥一生的傳奇：蘇維埃在1945 年將他釋放，之後他以假名繼續住在俄羅斯。我記得小時候，1950 年左右，有幾個美國記者來訪，問我父母是否有收到過赫歇爾最近的消息。關於這個表哥，最好盡可能不要談到他，因為我們聽說一些猶太人與非猶太人都在問赫歇爾到底有沒有犯了造成水晶之夜的罪，即使一點點。這個論點不太合邏輯：水晶之夜在謀殺案宣佈後僅僅數個小時，就在整個德國發生了，依照確切的慣例來講，這明顯是一場蓄謀已久、只欠一個能夠讓它揭開序幕的表演而已。

在我的家人當中，我只認識存活下來的人的名字，因為死去的人，我們從來不提：在猶太人的家裡，都是讓死人埋葬死人。

沒錯，我的那麼多親人被關押在里沃薩爾特，並不是奧茲威辛（Auschwitz）；但就算沒有焚屍爐或行刑隊，也還有斑疹、傷寒肆虐呀。一直要到 2015 年──沒錯，2015 年！──法國政府才在里沃薩爾特立了一個紀念碑。人們剛剛開始計算：從 1938 年至 1942 年，被監禁的人當中，每二人就有一人死於疾病。存活下來的人（我有提到名字的那些人）終於逃走，因為警察怠惰，顯然沒有把集中營看守好，或集中營私底下和達拉迪政府及之後的貝當政府意見不合。由於里沃薩爾特的管理很差，納粹在 1942 年奪取之後，便決定將它關閉，把最終存活的人都移到奧茲威辛。這個事實不屬於家族的傳奇故事，但是是有關這個主題難得的歷史資料。

　　能夠說明 1938 年這些「達拉迪政令」──授權將不受歡迎的人關押到集中營，不全是猶太人，還有西班牙共和黨人、共產黨軍人、吉普賽人……也都被關在籠中──的理由，還是不太為人所知，幾乎不暸解為何左派政府會這樣做。當時的一些解釋，並沒有引起抗議：眾議院沒有，媒體沒有，街頭巷尾也沒有。它們倒是提醒了當代人：難民太多了，他們衝擊著國家民族的感情，他們淡化了法國人的身分，他們和失業的法國工人競爭，他們不合法。達拉迪會希望平反這些「居住在雅典的外國僑民」的極右派的動員嗎？達拉迪這個在慕尼黑面對希特勒時重申的「安撫」法國法西斯黨人的政策，只是為他們的口號辯護，然後讓他們在 1940 年順利掌權而已：有待今日的法國思考。2015 年，當近東的難民出現在歐洲的大門時，我們聽到了關於失業的相同論調、國家的身分及不要接受他們，以免重蹈國民陣線覆轍的重要

性。就好像法西斯主義從來沒有被算到難民的數目上！這些
2015 年和 1938 年一樣愚蠢的共和黨員難道不知道，反猶太主義
從來就不需要猶太人來興盛，也不需要大量的移民種族主義來控
制心靈？種族主義和反猶太主義是精神疾病，不是由算術決定的
行為。

　　時間回到 1938 年，法蘭西國對於猶太人的滅絕，既不是在
維琪政權，也不是在德國的壓力之下開始的，而是在共和國時，
在左派多數黨之下，和共和國高官及執法當局的積極合作之下開
始的，這是經過證實，且銘記在我的家族與親人的記憶之中。法
國在納粹佔領時對猶太人的逮捕，1942 年 8 月的 Vel'd'Hiv'大搜
捕，德朗西（Drancy）的集中營，前往滅絕營的調車場，歷歷刻
畫在國家的歷史當中。當 1995 年 8 月 8 日，席哈克總統在 Vel'
d'Hiv' 大搜捕的紀念碑前承認，當年維琪政權的法蘭西國要為集
中營的關押負責、認罪──令人欽佩的舉動！──我們應該為他
打氣：「再努力一下，總統先生，」好讓他把第三共和也記入他
的歷史記憶當中。

　　榮耀歸於席哈克，但維琪領導人自此被公認的有罪與 1997
年帕蓬（Maurice Papon，譯註：1930 年代至 1960 年代，任職於
法國的高階警官，他在二戰期間「效忠」維琪政府，並為納粹效
力）訴訟是不同的，後者提議不要追溯到 1940 年以前，不要舉
發共和國與共和國高官以前的腐敗：這個在帕蓬之前就充斥帕蓬
人的官僚體系。帕蓬，泛指這些無意識的「一切都是奉命行事」
的共和國高官，就像 1957 年艾希曼（Adolf Eichmann）在耶路撒
冷訴訟中的辯白一樣，我擔心甚至在法國，這類事情並沒有完全

被沖淡。和艾希曼一樣，帕蓬從來沒有表現出一點內疚、一絲後悔，說他的行政作為和其所導致的人道後果無關。艾希曼受審時，被劊子手的一般特徵嚇到了，漢娜·鄂蘭（Hannah Arendt）說這是把壞事不當一回事；但我覺得列席帕蓬訴訟的波羅戴—德佩克（Bertrand Poirot-Delpech）提出職務犯罪（crime de bureau[1]）的說法，更是犀利。難道不是官僚作風造成歪風，讓所有官僚自以為無辜？

在這起莫里斯·帕蓬訴訟案期間，記者兼歷史學者阿慕胡（Henri Amouroux）對所有帕蓬的行為及之後的維琪政權，提出了一個前所未聞的解釋。他認為，這個政權是天主教對教會組織財產清單的一項報復。1905 年，在教會與國家分離之法律的掩護之下，法國警察為了編製財產清單，在教區居民擔驚受怕的眼光下，把他們禮拜場所裏的所有東西都清空了。我在阿慕胡的直覺裏再加上「直到 1960 年代，大部份的共和國高官與法國官員都不接受德雷福斯是無罪的」說法：1960 年，我在聖日耳曼昂萊（Saint-Germain-en-Laye）高中的校園裡，和一個指責德雷福斯叛國的將軍之子打了一架。經由 1938 年所頒布的政令，反猶太主義會是國家的這些「大咖」所進行的報復的濫觴嗎？

除了法國猶太人當局的沉默——包括紅衣主教會議及猶太法學大博士（Grand Rabbinat），一些在俗猶太人，如百隆（Léon Blum），在這些事件期間的作為也令人困惑。或許他們的動機和 1933 年至 1938 年的德國及戰前與戰時的美國猶太機構的動機差不多。融入的猶太人，比德國人更德國，比法國人更法國，他

---

1. 波羅戴·德佩克（Bertrand Poirot-Delpech）著 *Un crime de bureau, Stock*, 1998。

們也選擇「姑息」，以為被迫害的猶太人就是該被迫害，因為他們來自其他地方，是外國人而不是猶太人；這些衣衫襤褸、外來的猶太人，給融入的猶太人的好印象帶來了陰影。百隆，一個優雅的作家、政治家，不該在這些逃向法國的衣衫襤褸的同胞中承認自己。猶太的權勢集團（establishment）認為這一切都將平息，並且就像達拉迪一樣，這位希特勒先生終將變得理性。一個今天比從前更容易定罪的判斷錯誤，全因融入的猶太人是最沒有準備好去預感即將降臨他們身上的恐怖的人：還以為什麼都沒有發生在他們身上。在法國，德雷福斯事件把一些法國人和另外一些法國人，大多數是非猶太人，分成兩邊，涇渭分明，但它只造成了言語上的暴力，最常出現的就是經由報紙。相反的，我父親因為來自俄羅斯，他反而知道這就是個大屠殺。自 1933 年夏天開始，他就已經知道必須逃離德國，而融入的猶太人卻覺得看到這群東方的賤民離開他們親愛的德國，反而覺得很安心。當他們終於明白，他們的命運自 1938 年起就已被封印時，為時已晚。

　　在我的記憶當中，我父母對這些盲目的猶太人幾乎不再感到同情，這些人對我父母也沒有：他們富於辱罵字眼的意第緒語，納入了一個輕視德國猶太人的詞，太德國了，我在我父母的叨叨絮絮中，認出最初幾個他們以為我不懂的意第緒語的字 yekke（可以把它翻成「骯髒的中產階級」）。無論在哪裏都沒有融入當地的他們，只跟我講法語──雖然說的不好──只為了讓我能夠成為真正的法國人，而不是一個永遠背井離鄉的人。但我父親在離開這個世界之前對我說的最後一句話是用德語說的：Bleib noch ein bisschen，「再留一下」，而我不知道他說的是他的生命

還是他的小孩。

第三章

正義

　　我沒有選擇在內哈克（Nérac）出生，那是洛特加龍省的一個宜人的城鎮，就位於波爾多與圖盧茲（Toulouse）中間，屬於嫁給亨利十五的阿勒布黑（Albret）公爵夫人的領地。這個法國有史以來唯一心胸寬大的君主在內哈克擁有一棟義大利風格的城堡，位於市中心：作為鎮民遊行時的活動中心。1985 年，我在這裏接受鎮長（顯然是激進社會黨員，一種當地的宗教）頒發的城市勳章。我的老母親也在場；這是自解放以來，她首次回到這些地方；戰爭期間，她曾在這裏度過五年的時光。勳章上有什麼呢？勳章已經找不到了。我忘了這個把我綁在一段不完全屬於我的歷史的勳章緞帶放在哪裏了。內哈克人多少把我看成是傑出的同鄉，而歌唱家伯爾納雷夫（Michel Polnareff）比我晚幾天在同家醫院出生。我的生命及我的名字都要感謝我的助產士，一位修女。我母親想叫我博爾（Berl），藉以紀念她的父親。修女勸她不要：1944 年 3 月，這不可能不引起市政府的注意。她建議用聽起來比較像法文的 Guy，再加上像 Berl 的 Bernard。也許伯爾

納雷夫（Polnareff）也是在相同情況下變成米歇爾（Michel）；我們的鄰居，在蒙托邦（Montauban）出生的柯恩—邦迪（Cohn-Bendit）則變成丹尼爾（Daniel）。但我自覺不太像內哈克人：一次出生的巧合，並不構成血統；當地菜——全鵝鵝肝醬、燉火腿、亨利四世奶油夾心烤蛋白佐 côte-de-buzet 葡萄酒——營養豐富，但不會讓我變成加斯科人（gascon）。我和一些內哈克人談到感情的分享：他們在 1940 年到解放期間收留我父母，但是以什麼代價呢？

我從來沒有問過自己這個殘酷的問題，直到 1995 年耶路撒冷的正義紀念館（Mémorial des Justes）向我提出這個問題。一個在戰爭期間把我父母「藏起來」的內哈克農民，在解放五十年後，要求他的家人在這些遵守教規的人之中，把從滅絕中將猶太人救出來的這些非猶太人認出來。這個遲來的要求結結實實被歷史啟動了，我在一本名為《Le Bonheur français》的書中描述過我被一名年輕的內哈克農夫解救的經過。1944 年夏天的一次終極大圍捕期間，在被德國 SS（譯註：納粹黨衛軍，或譯為親衛隊）下令的法國警察包圍的村鎮中，我母親把我交給某個未滿二十歲名叫讓諾（Jeannot）的年輕人：當時的我才六個月大。他大膽地把我藏在一個白布包裡，一個包火腿的袋子，他把包包甩到他的肩膀上，一邊穿過警察的路障，一邊暗暗祈求上天讓我不要在當下哭出來。我一直都不知道這段火腿化身的往事，直到勳章日那天，讓諾才說給我聽：一些見證人也幫忙確認。被他所冒的險驚呆的我，急忙問他是什麼原因促使他這麼做的。「什麼也沒有」，他說。對他來說，這是必須做的：這是再清楚不過了。我

寫下讓諾和我被救的故事，藉以猜測救下那麼多猶太人的這些法國人的憨厚人性。在我出版《*Le Bonheur français*》期間，正好是我產生同化情感的高峰期：我從來沒有像當時那樣，那麼覺得自己是法國人，從來沒有像當時那樣，那麼喜歡法國和讓諾。當他要求被視為民族間的正義者（Juste）時，我被傳喚出席做對他有利的證明，儘管我對那段時期並沒有任何記憶。奇怪的是應該被傳喚，解放時才九歲的我哥哥，卻拒絕作證。難道我哥哥知道一些我不知道的事？因為他遺傳了我父親的緘默，或者說自願性失憶，我就只知道這些，再多也沒有了。因此，我開始自己一個人去填寫正義紀念館的長問卷，這可以使讓諾和他的親人將他們的名字刻在以色列大屠殺紀念館（Yad Vashem）的耶路撒冷大理石上。

　　一切好像就那麼自然而然，直到我碰到一個強調決定性價值的問題：這位要被感激的人是受雇的嗎？我不知道，猶豫著要不要依照我的內心回答。之後斷斷續續聽到一些我小時候的故事，都是用意第緒語說的，因此神祕而又真實。由此可知我父母曾受內哈克人道主義的救命之恩，也拜他們在 1940 年夏天逃到勒佩克時成功帶走的金塊與珠寶之賜。黃金，這個臨終聖餐，在1933 年一路陪他們從卡賽爾到巴黎：身為逃命實踐家的他們，很懂得人性的弱點。我於是認真面對，如今也相信我父母與親人能活命，是靠黃金與人性本善的結合，缺一不可，互不相悖，因為聖潔是那麼地稀有。難道內哈克人比其他人更接近這個神聖的良善？正如同其他加斯科人或賽文人（Cévenole），在他們長久的記憶當中，當然也保留了對某種可追溯到路易十四的龍騎兵對

胡格諾派（Huguenot）之迫害的宗教迫害恐懼症。同樣值得注意的是，那些保護我雙親的內哈克人當中，竟然沒有一個人有遇到過真正的猶太人。

二個評論自然地落到他們身上，我父母卻覺得這二個評論很可笑，他們把這二個評論告訴了我，此將隨時派上用場。第一個評論是：「啊，假如所有猶太人都像你們一樣，就不會有問題了。」他們以前從來沒有碰過猶太人，除了他們教理書上的圖片及復活節彌撒時，神父對他們說的有關「把基督釘在十字架上的民族」的東西以外。另一個評論，是一個問句：「你們到底對德國人做了什麼，讓他們這麼怨恨你們？你們該是對他們做了什麼事吧？」唯一有價值的回答是：「生存的錯。」

我們的保護者（受雇的？）為了保護我們對抗維琪憲兵與納粹警察，也沒少冒生命危險。既然大家都需要生活、居住、吃飯，自然必須對他們做些補償。我父母在內哈克的山丘上租了一小塊葡萄園；根據我父親的說法，這個近似卡爾奧紅葡萄酒（Cahors）的葡萄種的苦味酸鹹，剛好足夠某個叫馬歇爾的人一個人使用，他是剪枝、維修與收割工人。我母親則比較有養雞的天分，她還把我父親為了種植葡萄而養的二頭母牛，布蘭琪與諾羅德給賣掉了；我卻懷疑賣雞蛋和牛奶的錢就夠我們活四年。再加上我父母匯給拉瓦爾達克（Lavardac，靠近內哈克）一對農人夫妻的年金——從沒被提及卻不言可喻——他們同意負責扶養我哥哥，把他當成自己的兒子，給他姓，並且每個禮拜天帶他去彌撒。我發現他從未自這個巨大的創傷中復原過來，因為他談起這件事，德國政府匯了一筆年金給他，以補償他所承受的精神疾

病。1933 年後逃離德國且能夠證明他們曾是納粹暴行受害者的
猶太人，在檢查過他們的冤屈之後，都得到德國政府的賠償。一
切都是買賣：精神疾病的賠償，就跟洛特加龍省的這些尋常英雄
所冒的險一樣。詭異的是，戰爭期間已經是法國人的猶太人，比
較沒有被好好對待，必須要等到席哈克確認維琪政權的責任之
後，才提出要求並且得到賠償。因為活著的受害者還不夠消耗掉
政府分配給他們的預算，因此轉而給了他們的後代。有人要給我
一筆年金，我拒絕了。我覺得，要為我沒有受到的痛苦而得到補
償，似乎不太對。公共信用的餘額被分配給讓法國的猶太文化永
久保存的機構，無論是不是宗教的，都應該是無可厚非的吧。

　　拯救戰時猶太人的這個財務層面，不太有人知道，幾乎沒有
文獻紀錄。2005 年，透過洛特加龍省參議員彭謝（Jean-François
Poncet），我找到一本由退休女老師微耶樂卡薩—波蒂柯勒
（Marie-Juliette Vielcazat-Petitcol）所寫，當地出版社所出版的一
本罕見的書。作者不是歷史學家，因此不為歷史學界所知。她以
檔案管理員的嚴謹，計算出到那個時候為止，整個人道作為所不
為人知的費用，在這之前，沒有人做過同樣的事；因為她所做的
文獻收集，我們才知道一個試圖逃離維琪與納粹的難民，要付給
一位仁慈勇敢的加斯科人多少錢，才能獲得一個拯救的動作，比
方說從波爾多車站出站時不被認出來，在穀倉裏度過一晚，或溜
到西班牙。在讀這本書的時候，我在想 1942 年在阿烈日省時，
我父親是否有為了逃避被關押到集中營或為了減少他停留在內哈
克的費用，而加入 FFI 反抗軍。也許二者都有。他被徵募到 FFI
裡，1944 年 8 月再回過頭來，以一把沒有子彈的獵槍「解放」

內哈克；他應該是沒有金塊了。而我也懷疑我母親真有免費從收留他的內哈克農人那裏獲得協助，把她藏在農場裏的一座假牆建築物，當宣佈憲兵進門搜索時，她就躲在這座建築物後面。很遺憾地，對於這些當我父親在一次大搜捕中不湊巧被抓後，偷偷把他放了的憲兵的名字，我一個也不認識。他被關在阿讓（Agen）的一間小牢房裡，當守衛告訴他牢房的門一整個晚上都會打開時，他料想他就要被送到德國的集中營去。因為憲兵說法語時帶有加斯科腔，但和我父親說話時則用德國腔，因此我父親一下子沒有意會到這個訊息。他們終於互相瞭解了，我父親就這樣悄悄走掉，之後加入游擊隊。這位不知名的憲兵是個正義者（Juste），非受補償者。若不太追究細節，且沒有下定決心好意地答覆讓諾的請求的話，大致上，我還是喜歡這些加斯科人的。讓諾跟他的家人都沒有被寫入這個偉大的記載當中，因正義者（Juste）的品級是拒絕那些曾經接受過某種補償的人的，不管他們的舉動如何。這是不公正的問卷，抑或是公式列得不好的報酬？

　　黃金，從一開始，在選擇內哈克作為終點站時，應該就已扮演了一個角色。1940 年夏天，當北方的數百萬法國人與巴黎人蜂擁逃向往南的道路時，大多數人都知道他們要去哪裡。當時的法國還是一個農業國家，二個法國人當中有一人在田裏工作，而那些不再耕田的人，通常也會有親戚在農場裡。我父母的情況不是這樣，但他們認識聖日耳曼昂萊的一個公證人，蒂龍（Thiron）地區的一位老闆，他在內哈克保留了一座家庭農場。這位公證人，在大轟炸下，從勒佩克到內哈克，步行六百公里，

開闢了一條逃亡之路。或許，換了幾個金塊。黃金阻擋不了感謝：對於人類靈魂的複雜性很熟悉的我的雙親，在 1944 年，讓這位公證人成為我的教父。由於我們不是基督徒，因此在可能被關押的假設之下，就讓公證人成為我的養父。

歷史根據不同的劇情做出結論：我父母活了下來，我父親「解放」了內哈克，公證人在常去的商業咖啡廳的露天咖啡座上，被控制了村鎮的西班牙抗德游擊隊員暗殺了。在喝開胃酒時，我的教父做錯了一件事，他大聲嚷嚷說法國人與德國人終將和解，因為我們甚至跟英國人和解了。這位另外還醉心於黑市的教父，太早說對了：你當世的人永遠不會原諒的。這位我再一無所知，甚至從沒見過他相片的陌生人，就和用火腿改變了我一生的讓諾一樣，以恩人的名義端坐在我個人的神殿之中。他們的模稜兩可讓我對他們產生好感，他們把我交給我所愛的人民法國，這個不同於層峰的法國，為沒有靈魂、沒有情節、沒有模稜兩可的維琪服務的帕蓬的法國。正如同我避開帕蓬們一樣，我喜歡這個公證人。

因此我不信任集體無知甚於集體犯罪：這個原則適用於德國人，同樣適合法國人。戰後，我父親就立即回到德國，試圖和他以前的朋友聯絡：他只找到一個。這是否是說他不認為德國人，集體地，犯了納粹的罪；在他臨死前，當我問他的時候，他認為，以不同程度來講，我們，法國人與德國人，全都是納粹主義的受害者。問有關納粹主義本身的問題，要比問有關納粹主義的德國起源或貝當主義的法國起源問題更適當。因為直接受苦的是他，不是我，因此我贊成他的態度，隨時隨地告誡自己，無論在

任何情況下，都不要帶有追溯既往的評判，因為我不是受害者。

　　許多年後，在法國政府擔任單純的觀察員的我，碰到一些南斯拉夫戰爭的積極參與者與受害者。1996 年，我問了一個賽拉耶佛（Sarajevo）的阿訇一個問題：幾個世紀期間都能在同樣一塊土地上和平相處的猶太人、天主教徒、東正教徒、穆斯林，怎麼突然之間就開始自相殘殺呢。阿訇停了一下，然後說了這幾句我一輩子也忘不了的話：「這個問題我想了很多，而我以為已經找到答案了。」他又停了一下，他的沉默讓我懸著一顆心；陪著我的法國大使也一樣。「這只能是魔鬼的傑作，」他做出結論。

　　我，一個無信仰者，覺得這個無法證實的解釋，是我在波斯尼亞聽到的那麼多的話中，最令人信服的一句了；相信我父親，也是個無信仰者，也會同意的。

　　我把這份調查的意外結論向我服務的總理報告。朱佩（Alain Juppé）不發一語，沒做任何評論就轉達給席哈克總統。

　　這位阿訇說的沒錯：要判就判魔鬼和他的奴才，不判人民。

第四章

緊閉的百葉窗

　　我不認為 1950 年代住在薩特魯維爾的青少年有幸福的可能性。在美國的一顆炸彈毀了我們勒佩克的小屋之後，機緣巧合把我家人從一個郊區帶到另一個郊區。對於很多沒有經歷過戰爭的法國人來說，被美國人解放是他們與從天而降之暴力的第一次較量；我覺得人們似乎不太怨他們，但我不知如何重建 1944 年夏天的受害者的心靈。無家可歸者被迫分配到一些空屋，我父母則分配到離勒佩克數鏈（譯註：舊時計算距離的單位，約 200 米）遠的一間磨石粗岩的簡陋小屋。當時的薩特魯維爾什麼都不像：不是城市，也不是鄉下。舊時的田地會分割成一塊一塊狹長的田出售，每個小屋分配到一塊土地去栽種。郎貝爾（Lambert）水泥廠和一家水上飛機的建造商雇用了大多數的居民，其他人則搭一輛冒著黑煙的蒸汽火車到巴黎工作。在郎貝爾家的煙霧籠罩下（人們懷疑就是這些煙霧讓氣候異常），我不記得天空曾經藍過。薩特魯維爾的中心被一條名為「巴黎來的」的道路穿過。北邊是舊區，有一群老農場圍繞著一間羅馬式小教堂，保留著不久

之前還是一個種植蔬菜與葡萄園的小村鎮的痕跡：薩特魯維爾的意思就是葡萄園。這個舊區已被一群來自阿爾及利亞的阿拉伯人殖民。他們說阿拉伯語；但當時我從沒聽過穆斯林或伊斯蘭等字眼。這些阿拉伯人是純阿拉伯人，他們的宗教則不詳。曾幾何時，在當前的語彙及其他法國人的眼中，阿拉伯人全部變成了穆斯林？我們和舊區及它的居民沒有任何關係，也沒有人曾在此冒險過，除了教堂周圍墓地內的喪禮。教堂還有一位教士，但很少有信徒敢走出「巴黎來的」大道的北邊。

　　從我們這區旁邊一直到車站，南部的新城市會比較法國嗎？工人人口大多是波蘭裔、義大利裔、葡萄牙裔。就我們所知，我們是唯一的中歐猶太人。之後，到了 1960 年代初期，才有其他猶太人被阿爾及利亞戰爭逼到這裏來，然而他們並不像歷經戰禍的樣子：這些西班牙系猶太人（Séfarade）沒有留下戰爭的創傷，他們樂天外向，甚至不講意第緒語；我父母叫他們 Die Schwarzen，另種說法就是「黑人」。在以色列，他們不太受歡迎。這些 Séfarade 當中，竟有一人膽敢在距離我雙親的服裝店不遠處也開一家服裝店，可知我們家的服裝店從 1945 年至 1960 年代初期，一直都是獨佔事業呀。五十年後，當我一邊在寫此文，一邊卻發現，我在巴黎二次看診，所有醫療我的醫生及醫護人員，竟然都是 séfarade：他們擅場的時候到了。鏡頭拉回從前：我父母從內哈克回來後開的店，有個不太可能的名字：進展（Au Progrès）。這是我父親偶然之中想到的。也許他覺得逃離俄羅斯、波蘭、德國與納粹之後，在法國的未來只會更好。這就是他。

此外，居民滿是移民的薩特魯維爾並不完全在法國，因為共產黨掌握了市府與城市。共產黨意圖在此再造一個小型的蘇維埃聯盟，我們這個區一直都以紅色旗子與標語裝飾。5 月 1 日，一些遊行隊伍會帶著史達林的肖像上讓饒勒斯（Jean-Jaurès）大道遊行。1953 年，當史達林去世時，長達數月的時間，城市降半旗，公共建築物蓋上黑布。我父母將就了，不是將就活動分子，而是將就訂了黨報《人道報》（L'Humanité），及性質接近的《中部義勇軍報》（Franc-tireur）。至於我，我就看《Pif le Chien》，那也是由黨出版給小孩子看的漫畫雜誌。蘇聯從對抗納粹的光環中得到一些利益：大家都不知道史達林的反猶太主義。

幾年後，我得知至少有一個「土生土長」的法國人，住在我們的阿拉伯蘇維埃飛地（譯註：被他人土地包圍的屬地）上：他就是德斯杜許醫生（Dr. Destouches）。他在我們這區唯一的衛生保健室看診，這家門診的主要業務是給孩童種牛痘。他看診時不發一語，看不出他臉上的表情，手上拿著放在煤氣爐上的鍋子裏煮過的粗粗的針筒，也不曾試著安撫害怕的小病人。針頭以同樣的方式消毒，接著插入肩胛骨，讓肩膀至少痛一星期。但也許是因為德斯杜許醫生，我才沒有得天花、傷寒或破傷風？事實上，德斯杜許是有名的法國法西斯分子、積極的反猶太分子，也是文學人士，他的筆名叫席琳（Louis-Ferdinand Céline）。他剛被法國政府大赦，從流亡的丹麥回來，重新加入醫師同業公會，而這個公會是名符其實的貝當派。在二次看診期間的空檔，德斯杜許就變成席琳，並且持續出版激烈反猶太，甚至否認大屠殺存在的小說，直到生命終止。我的醫生是第一個「否定主義者」

（譯註：指對於納粹是否使用瓦斯毒氣屠殺猶太人，持否定態度的人）。當時，在薩特魯維爾，所有人都不知道德斯杜許就是席琳：要是我們知道，我還會被打針嗎？在這個沒有什麼希望的地方，我必須成為法國人。朱勒─費里（Jules-Ferry）小學的老師，曾是共和國輕騎兵的達森（Tassin）先生，是個奇蹟。我天生就會講我們在家不說的語言，我認高盧人為祖先，我講拉封丹（La Fontaine）的故事不會結結巴巴，我擅長用紫色墨水的Sergent-Major 金屬筆寫字，我欣賞掛在牆上的法國聯盟地圖：我們的殖民地（粉紅色的部份）從圭亞那到印度支那，還涵蓋非洲與馬達加斯加。每天都從用粉筆寫在黑板上的道德課開始，內容借自共和黨的世俗主義或基本的衛生規則。紀律採軍事化，如有違犯，都要接受體罰，包括用小棍子打手心，甚至打腦袋，以及寒冷的冬天在操場上罰站等等。方法很有效。

　　我小學時候的表現還不錯，成績優異，常被頒發一些綠色的獎狀，及不要臉地從法國榮譽軍團勳章拷貝來的十字勳章。我同時又害羞得要命，可能遺傳自我複雜的出身。我不跟人講話，也沒有任何朋友。在就讀當時人稱第十二（douzième）的一年級，我還不敢問廁所在哪裡，因為會讓我非常地難為情，痛苦萬分。還有一些不可告人的意外，地點就在冬天結冰的操場。下課時，達森先生會讓我們在這個操場上跑幾圈，這讓我永遠改變了體育鍛鍊與運動習慣。在市立學校裡，我很快樂，覺得自己已成為真正的法國人，就像一顆種子在一塊肥沃的腐植土中萌芽。回到家，這個生根的開頭不敵嚴酷的考驗，很難和我父母分享我變化的過程。全心投注於生存的他們，不停地工作，他們的店從早上

九點開到晚上八點。星期日，他們在車站廣場的市場擺了一個攤子，我負責管理錢箱，對於他們對我的信任，我感到很自豪。

　　這樣的努力，終於賺到一些錢，讓我們的生活越來越好：一開始只有二房的屋子，很快就根據狹長的地形變成五房。這個演變是漸進的，前後五年。每個晚上，在工人的法定工作結束之後，一些工匠，包括波蘭水泥工、義大利油漆工與葡萄牙水電工，就會來這裏加一塊磚，那裏多一塊混凝土：因此經常有工地，而且都是付現金，「黑市」好像習慣就是這樣。稅金甚至是根據我父親與檢察員在一頓美食期間商訂好的金額，用紙幣付清；檢察員一年來一次。中央暖氣取代必須不停加竹炭的炭爐，浴缸取代鋅製浴盆，冰箱取代食品櫃。我們的社會提升基本上是看菜園：大蒜與小紅蘿蔔苗圃一年一年縮小，變成草坪。啊，草坪！它是當時社會進步的標誌。在草坪中心種上垂柳，就像成年禮一樣受到讚美：我們就在這種省吃儉用的狀態中，靠著菜園裏的蔬菜與家裏養的兔子度日子。我們把兔毛賣給一個收兔毛的，他在街上邊走邊唱著「收毛皮，收兔毛，收破銅爛鐵，收兔毛。」通常，他會遭到一堆在街上營業的人——磨刀工、裝玻璃窗的小攤販、梳理工人——埋怨。柳樹榨乾了菜園。

　　1960 年代，鄰近地區的每一塊土地都從半農村變成城市郊區。經濟學家傅哈斯提耶（Jean Fourastié）稱這段開發時期為「黃金三十年」：或許應該說勞動三十年更為貼切。我們在剩下的土地上蓋了一棟水泥車庫，停放「Peugeot 203」，這是戰後我們的第一輛車。這間車庫還有其他用處，我孩提時期的初戀、偷偷的及為了和同學相比而記錄下來的接吻，都躲在裏面進行。讓

我母親失望的是，我的玩伴們都是非猶太人：在薩特魯維爾我要去哪找純猶太人啊？之後，我在巴黎也找不到，也不去找了。後來有了電視，我和數百萬法國人一起參加英國女王的加冕典禮。

　　這個因為服裝連鎖店的效益所帶來的物質進步，引導我父母落地生根，導致他們資產階級化；工作之外，他們不跟任何人說話，尤其是鄰居，鄰居們同樣既不跟我們說話，也不打招呼。到底是誰先忽視誰？又是為什麼呢？起初，當毗鄰的菜園還是以鐵絲網隔開，鄰居之間還可以說說話，讓每個人都好像生活在其他人的眼光之下時，我母親就堅持我們要隔離於二座空心磚牆之間；她還想在牆上塗上黃色泥漿──當時流行的──但我們卻一點辦法也沒有。人們忘了戰後的法國是多麼地卑微，除了某些戰爭既得利益者與各種不當得利以外。我們不是唯一要對我們的隔離負責的人。在我們的鄰居眼中，也許我們把過去與大屠殺的恐怖叫得太早了，畢竟法國人一直到戰後幾年才真正知道這回事。不管我們怎樣，我們都像是死亡的形象，而我們竟熬過來了，這要不是不可饒恕，至少也是模稜兩可。回到家，我父母想像每個人都有反猶太的影子。他們不停地在那邊想，在那邊竊竊私語，在那邊自忖這個人或那個人是不是反猶太主義者。為了讓這個悲涼的氣氛更肅殺，我父母把金屬百葉窗永遠關上，無論白天或夜晚。我問他們理由，他們回答我是因為有小偷。我們就住在警察局的對面，其實偷東西的事很少見。放學回到家，我第一件事就是打開百葉窗；晚點我父母回到家，也是第一件事就把它們關上。週日下午是最陰沉的，我們四個人都關在屋裡，百葉窗拉上。他們跟我解釋這樣做是為了一旦有不識相的人來訪時，可以讓他們以為我們不在家；但從來也沒有人來到我們家，我們沒有

朋友，沒有親人，甚至也沒有被小偷光顧的危險。我把瞭解我父母為什麼這樣關百葉窗的原因，留給某位研究大屠殺的心理學家去研究。也許是擔心突然來的大搜捕……當然，我們也沒什麼慶祝可言，甚至生日：在這個母難日，我父親就躲在鴨絨被下躺著，不吃不喝，直到第二天才出來，什麼也不說，就好像什麼也沒發生。對於外面世界的唯一讓步，就是母親節時送我母親一年一度的禮物──藍色繡球花。這個貝當元帥所制定的國定假日，沒想到就這樣留傳下來了。

　　在上學的幸福之外，我只想逃離薩特魯維爾。比方說，為了逃離「星期一的採購」。我媽每次都以相同的話瞎掰，當然騙不了我的老師：「不好意思，我兒子有點感冒……。」每個禮拜一，我父親就開車到巴黎的瑪黑區，戰前，這部 1939 年飛馬造型的 Amilcar 曾盛極一時。出門的目的是為批發商附近的「進展店」（Progrès，我們家的店名）補貨。他們都是流亡到法國的倖存者，說著中歐的某種沃拉普克語（volapük）。由於他們真正的姓氏有 y 又有 z，根本無法發音，因此這些批發商老闆便使用他們商店的名字：帕里斯奇（Parischic）先生賣布，貝爾納斯波爾（Bernardsport）先生賣男裝、女裝和童裝。我曾經在貝爾納斯波爾先生的手臂上看到屬於倖存者之歸屬感的刺青。他跟我解釋──我當時應該是七歲，對大屠殺一無所知──說那是他的電話號碼，刺下來免得忘記。從來不相信有聖誕老公公的我，居然信了好久。確實，聖誕老公公是沒有任何理由進入百葉窗緊閉的屋子裏的。這裏既沒有人想他，也沒有人等著他。聖誕節是一年之中最悲傷的日子，沒有禮物，更糟的是，不用上學。

第五章

南森護照（*Le passport Nansen*）

　　寫才能防止忘記（Écrire interdit d'oublier）：下筆時，已埋藏的記憶又一一浮現，一個片段喚醒另一個片段，你以為它消失無蹤，卻不知已深藏在記憶的某個皺褶裡。心理學家不太重視這塊，認為它好，好不過文學，壞，壞不過詐騙，而我則不相信被磨去的童年能決定成年的行為。有太多的命運十字路口與偶然的抉擇介入生命之中，要把它簡化為某些基本時刻。儘管如此，還是以選擇性的方式，在這個孩提時代裏翻找，因為這不是一本自傳，顯然比我想要的還要零散，多少戰爭與大屠殺──我沒有經歷過──的記憶，決定了殘存下來的人及（更讓人驚訝的），這些殘存下來的人的小孩的命運。例如，相隔六十年，星期四的記憶還是不變：它已然影響之後發生的一切。

　　以前，星期四是學校的假日，讓基督教的孩子能夠經常去上教理課或扮成「童子軍與法國童子軍」。對我來說，這是個受祝福的日子，我會陪我姑姑蘿黛從薩特魯維爾到聖拉扎爾（Saint-Lazare）車站。她平常日都會去那裏買意第緒語報紙《我們的

話》（*Notre Parole*）：搭蒸汽火車，坐三等車廂，來回半小時，滿眼煤灰。這位姑姑就像奶奶一樣照顧我；我還有二位姑姑，一位 1930 年左右在德國自然死亡，另外一位在 1942 年左右死於華沙的猶太人區。沒有人比蘿黛・葛倫斯潘更不法國、更難同化了。她都是用一種只有少數人（我是其中之一）瞭解的混合語表達，一種混合了意第緒語、德語、弗拉芒語（她曾在比利時住過）及沒有人知道是什麼的語言，沒有其他外人知道她姓什麼，她自我介紹都說是「進展（Progrès）的姐姐」，進展是我父母的店名。她認為以這個名義就可以在薩特魯維爾的所有商店享受折扣；她的厚顏，讓她在一些爭論中佔了上風。她每天這樣往來薩特魯維爾與聖拉扎爾車站，卻從來沒有買過車票，因為她認為法國國家鐵路公司（SNCF）在戰爭期間向德國政府索取承載猶太人前往集中營的費用，已經賺夠了。這是 SNCF 的領導人們之後所承認的。

在這個時期，約 1950 年左右，所有的旅行，就算極短程，都受到控制。我姑姑沒買票，還罵查票員，搖晃她刺了青的手臂（那是她在集中營裏的過往），炫耀她的南森護照。

這本由挪威外交官在 1922 年設計，最初是為了被蘇聯剝奪國籍的俄羅斯移民所設的護照，是發給難民的，作為他們的身分證與旅行證件。蘿黛姑姑對自己的無國籍感到很自豪，她認為這是一種真正的國籍，比獲得法國國籍還稀有、還困難。護照以黃色硬紙板封罩套著，大概有十來頁，蘿黛興高彩烈地在查票員面前攤開給他看。當查票員跟她說就算有這些旅遊權的證明，沒有車票還是不行的，她就在她的布包裏翻找出一些她收到的法國總

統、比利時國王與德國總理的信。一些正式的信。為了補償她的痛苦，她不斷地寫信給這些國家元首，也收到一些自動回覆，上面至少有阿登納（Konrad Adenauer）或歐里奧爾（Vincent Auriol）的大印。聽說阿登納決定補償被德國人掠奪的猶太人，但由於德國的政府部門並沒有改變，因此受害人必須經過無數步驟才能得到補償，當中包括在德國，甚至是在你被納粹追捕的城市裡，進行醫療檢查：就算缺乏辨識能力，也無法阻止我父母和蘿黛姑姑回去卡賽爾，直到取得他們應得的生活年金。

查票員終於讓步。我對我姑姑感到驕傲，也因此想要變成無國籍者。1945 年出生於蒙托邦（Montauban）的柯恩—邦迪（Daniel Cohn-Bendit）就有這個特權，而我沒有：因我父母在 1947 年入法國籍，我在三歲時成為法國人。至少我是這麼認為。五十年後，我發現這個入籍政令裏出現了一個行政錯誤，而且我也不是那麼地法國。我們之後再回來談這個。

蘿黛姑姑為了慶祝她對自認從穿上制服、戴上鋼帽那一刻就是國家化身的查票員的勝利，就從她的布包裏取出俄羅斯醃黃瓜、孜然黑麵包及幾片燻牛胸肉吃將起來。還好火車在烏耶與柏桑禁獵區（La Garenne-Bezons）暫停，讓行程慢了下來，足夠我們享用完我們的盛宴。每次往返聖拉扎爾車站就是這樣，再花一刻鐘的時間到所謂的車站大廳買一份《我們的話》。

只要一離開法國，南森護照──這個往返於巴黎與薩特魯維爾之間無法避免的臨終聖餐──就沒那麼好用。大概 1952 年吧，蘿黛姑姑把我帶上通往列日（Liège）的火車，我的幾位遠房親戚躲過死劫後就住在那裡。在那個時期，火車會在法、比邊

界的海關停下來，檢查護照，打開行李箱，並清查裏面的東西。唉呀！蘿黛姑姑拿了南森護照（這讓她變得可疑），還帶了——一個禮物——一瓶古龍水。我們——她跟我——被強迫下車，帶到比利時海關崗站。古龍水的問題比護照還大，因為瓶內古龍水的容量超過限制。我兩眼緊盯著蒸汽火車，企圖透過魔法阻止它在沒有我們倆的情況下重新啟動。一位海關人員找到解決方式：把古龍水倒掉一些，讓容量低於規定。我們在其他被耽誤了一個小時的旅客怨恨的眼光中，氣喘吁吁地跑步回到火車上。對於如今建議放棄統一的健忘症領導人來說，這是未統一前的歐洲。

　　一直到蘿黛姑姑在柏林過世之前，我從未看過她沒有帶著她的布包的時候。布包隨著時間褪了色，裏面塞滿她冬天時放在陶罐裏用鹽水醃漬的醃小黃瓜。醃小黃瓜怎麼做已不復記憶，姑姑也不在了，但她到最後一刻都還是無國籍者，而她對此也深感驕傲。我不知道，換成是我的話，我也會變成無國籍嗎？還是我一直都是。我一直到四十六歲，一刻都沒有懷疑我的法國國籍。當我從布洛涅比揚古（Boulogne-Billancourt）省警察局的一位官員那裏得知，依照法律，我從來都不是法國人時，這是多大的一個震撼啊！

　　因為我和妻小剛剛定居到布洛涅，因此必須重新更換我的身分證，這是我們以前住在巴黎時，到市政廳辦事時最簡單的手續之一。以前在面對所有行政機關時，從來沒有像今天這麼讓我感到不安；巴黎市政廳的接待很周到，辦事人員也都很好。在布洛涅，一切都不一樣：當時，身分文件不是市政廳發的，而是警察局。氛圍不是那麼地無精打采，辦事人員都穿著制服。看到制

服，讓我臉色蒼白，手心冒汗，心跳加速。我父親的反應也一樣。在靠近邊界時，他差點就暈倒了，這讓海關人員更起疑心。每當我們去德國巴登—巴登（Baden-Baden）或荷蘭斯海弗寧恩（Scheveningen）的度假別墅度假時，他們對我們的檢查都非常徹底，簡直要把我們的車給翻了。因為繼承了我父親對於焦慮的生理反應，因此，對我來說，走進這間警察局簡直就是折磨。一名身材豐滿的年輕女警官，看起來有點咄咄逼人，問我要身分證明。我不太瞭解她的問題，因為我是法國人啊！由於我父母是在法國以外出生，而且在我出生時是無國籍者，因此我必須證明共和國在某個確定的時刻接納了我。我從來沒有被問過這個問題，但法令變了（它不停地在變），因此法國國籍要遵守只有行政部門才懂得的變化無常的規定。我提出論據。有服兵役嗎？沒有證據。我應該是在國外時完成，就像外籍軍團士兵。ENA（譯註：全名 École nationale d'administration，國家行政學院，1945 年戴高樂政府時期成立的高等專業學院，專門訓練高級文官或行政法院法官，每年只招收一百人，與巴黎 HEC 商學院及巴黎政治學院皆是培養法國政界及商界領袖的名校）嗎？「它是保留給法國人的，我曾經是那裏的工作人員。」警官說我把我的情況弄得更嚴重了：我聲稱是法國人，滲入到公務部門，欺騙了國家。但我曾經在諾曼第的地方選舉中當選啊！什麼都沒有用，所有的一切都反過來對我不利。必須要有一個蓋了鋼印的證據，而不是履歷表，它是為法國服務的。

　　最後我沒有拿到身分證，當然將來護照也會被剝奪，被禁止旅行、禁止居留。我全身顫抖地回到家，跟我妻子解釋說沒有國

籍，我肯定要被驅逐。我太太，至少一千年來就已經是法國人及
天主教徒的她，觀察到，要被驅逐，一定要有一個接納我的國
家，而且，我既然沒有來自任何地方，當然也不能被驅逐到任何
地方：瑪麗—多米妮各當然是把我和法國連結在一起的最有力的
關係，她就是法國。我女兒們也是，但她們雖然是天主教徒、受
過洗，上初中，師承布雪（Bossuet）、杜潘魯（Dupanloup）與
克勞德爾（Paul Claudel），法國教會還是有點背叛我，他們不斷
在教理課上灌輸我的小孩一種世俗的道德，也就是著名的《人之
路程》（Parcours humain）。

　　回歸理性，我開始去找尋國籍證明。經過數個月的奔走（這
段期間我經常呼吸困難，只能靠一些醫生朋友開的鎮靜劑幫
忙），我在南特的外國人中心檔案櫃裏找到我父母的入籍令，日
期是 1947 年 5 月 14 日。真是糟糕！入籍令上，我父母的姓氏當
時叫 Sormann，我母親的名字原是 Frieda ，變成 Freda，我父親
原來是 Nathan，變成 Alphonse，而我哥哥則變成 Freddy，取代
他真實的名字 Falk。這份採用相近拼法的文件，讓我父母與兄長
在法律上**取得**（acquisition，當時的用語）法國國籍。而我，當
時只有三歲，沒有被提到，沒有被想到，而沒有成為法國人。我
認真地考慮尋求比利時的政治庇護。

　　我的好友作家黑維爾（Jean-François Revel）也鼓勵我這樣
做，因為他再也受不了密特朗（François Mitterrand）的政權。我
們倆一起到比利時領事館，在這裡，我們以知名作家的身分受到
熱烈款待，大使還邀請我們吃飯。沒有人認真看待我們的要求，
而這件事卻很嚴肅。我那一向都很理性的妻子提醒我，我認識司

法部長基耶日曼（Georges Kiejman）啊，而且在法國，法律在政治干預之前是要低頭的。根本不必向基耶日曼解釋我怎麼會變成無國籍：我的情況很一般。最近法蘭西院士傑克‧羅蘭（Jacques Laurent）也喪失了國籍，因為一位警官發現他在比利時出生，當初他那職業軍人的父親就派駐在那裏。法蘭西學院、法國榮譽軍團勳章、他在戰爭期間的服役，都不能當作證據：在重新獲得他的身分證之前，他也必須要借助於錯綜複雜的官僚運作。我的情況還更複雜，基耶日曼直接了當：他給了我一封信，證明因為我父母都在 1947 年成為法國人，且很明顯我是我父母的兒子，因此我當然在同一天變成法國人。從法律觀點來看站不住腳的道理，用政治觀點來看是無庸置疑的。有部長的信撐腰，拿到布洛涅初審法庭核發的法國國籍證明，上面有個名字叫做 Valentine July（譯註：意指「七月情人節」）的書記長、我不認識的救命恩人的簽名：某個不知道這件事的國際義人（Juste parmi les nations）。沒有人知道，1947 年的政令中獨缺我的名字，是因為行政過失的結果，還是對我父母來說，我不是個被期待的孩子的無意間的證明。就讓庫特林（Georges Courteline）和弗洛依德（Sigmund Freud）去辯論吧。

　　這個國籍證明是我最珍貴的東西之一，我從沒讓它離開過我身邊，我有好幾份經核證的副本，放在一些保險櫃裡。每當我要求一份新的身分證件時，就得把它出示出來，一直到我的國籍被登記到我出生的市政廳的戶籍裡。這個不知道在多少個初審法庭與書記長之間轉來轉去的程序，長達十二年。在這段因政治力介入（因為在此期間，我曾當過布洛涅副市長與總理顧問）而加速

的驚奇歷程中，內哈克的戶政處終於承認我是法國人，不是土生土長的，而是從 1947 年開始，這樣也不錯了。每次更新我的法國護照——二本以防萬一——與身分證時，我還是會感到不安，擔心到要濫用我的市政職權：這些文件現在都是由市政廳核發，我的市政廳，戶政處一位貼心的秘書替我辦好了所有這些程序。我閉著眼睛簽名，直到護照問世當天才再度睜開眼睛。

黑維爾在還沒變成比利時人以前，在我們經常去的聖奧雷諾（Saint-Honoré）街的 Carré des Feuillants 餐廳吃完最後的豐盛午餐之後就過世了；我也沒有變成比利時人，偶爾我還是會覺得遺憾，因為比利時不是一個民族，我們因此不能變成比利時的民族主義者，而國家（État）在比利時是找不到的。因為沒有成為比利時人，我就只剩下變成美國人了，二本護照總好過一本。但舊事又要重提：多出來的 n 這回事。

第六章

多出來的 n

　　「您到底姓什麼，Sorman 還是 Sormann，一個 n 還是兩個 n，這一定要確定啊！」這個不太友好，幾乎有點挑釁的叫喚，讓我想起我在聖日耳曼昂萊高中的高三那年。物理老師不喜歡我的名字，也不欣賞我的放肆，更不希望我是班上第一名：一切都讓他受不了。這個敵意是否帶有反猶太主義色彩？我沒有任何理由做這樣的臆測。我和我父母或許多同時代的猶太人不一樣，拒絕把這個敵意帶到反猶太主義裡。我同意每個人都有權利仇恨和他不像的人，而且我也贊成這個來自大不列顛的反猶太主義的諷刺性定義：「做為反猶太人者，就是仇恨猶太人，無論他正不正常。」我承認在基督教盛行的西方文化中，反猶太主義一直存在，在它還沒那麼嗜血時就開始了，而且久到我無法反駁。

　　在我一生當中，只有一次被公開叫骯髒的猶太人，那是在我十四歲左右，我的一位同學因受不了我老愛第一個舉手，老愛搶著回答老師的問題，而公開這樣罵我。受到這個前所未有的侮辱嚇到的我，在下課的時候哭了。一位同學坐到我身旁安慰我：他

是布列塔尼人，也經常被罵是骯髒的布列塔尼人！「我知道你的感覺，」他對我說。「骯髒的布列塔尼人」或「骯髒的猶太人」，對他來說，是屬於同一類的，屬於平常的仇恨，屬於孩子從他們的父母那裏聽來的那類仇恨。從這天開始，我學會了——如同俗話說的——「相對化」，我變得和布列塔尼人、阿拉伯人、黑人一國。不帶歧視。

Sorman 還是 Sormann？在大多數法國人的家裡，舉我太太為例，她出生時姓德妮優（Deniau），姓氏是另一種皮膚，一種沒有爭辯的身分。對於其他來自其他地方的人來說，身分是很複雜的，尤其是當它不能輕易被陳述時更複雜。直到 1950 年代，美國當局才在紐約港內的埃利斯島（Ellis Island）接待移民，沒有問他們意見，問新來者難以發音的名字。1916 年，當我父親從華沙流亡到柏林時，德國當局也做了同樣的事：任意把 Nathan Zoermann 改成 Alfons Sormann。幸運逃開俄國軍隊的徵兵，後來變成 Alfons（在法國一度為 Alphonse）的 Nathan，就將就用了。Zoermann 沒什麼涵義，它也許是一個源自鄂圖曼的名字，一段經過伊斯坦堡的古老路程的遺跡：柯爾多瓦（Cordoue，西班牙）、伊斯坦堡、華沙、柏林、巴黎，我的祖先及數百萬被趕出西班牙或其他地方的人所取道的，順著統治者的心情與人民起義而被踏成的一條路線。

第二次世界大戰，在內哈克及反抗運動期間，為了更像法國人，不像德國人，我父親決定叫 Sorman，不叫 Sormann，決定在寫他的名字時用一個單獨的 n。當時的行政機關比我們這個時代輕率：人們選他們的名字，不用參考戶政處。當我老師叫我

時，我其實是處於可能被懷疑身分的危險之中，我不知道我是希望保留過去的猶太狀態，適度地實踐我的宗教，還是完全變成法國人，不信神、不信教。我依著日子在 Sormann 與 Sorman 之間搖擺不定。有時，我只寫一個 n，有時二個。我瞭解這位老師的怒氣，一位叫亞蘭先生的老師，他認為就算我的物理結構得到好成績，也絕對不足以讓我成為真正的物理學家：他是對的。快到高中畢業會考時，我選擇只有一個 n 的 Sorman 來參加筆試與口試、法文考試。嘿，不去想太沉重的過去，我認真地變成法國人。

　　是什麼樣的錯誤啊！我以為自己可以自由地重複或不重複這個終極子音，直到戶政處糾正我。行政機關是一隻不停挖自己的地道的瞎眼鼴鼠。二十歲那年，我考上了國家行政學院（ENA），終於到了這一天，終極融合。還有什麼比加入高級公職更法國呢？當時，是戴高樂時期，國家的行政部門正處於聲望的頂點。進入行政部門，就好像受戒；我們的主人堅決主張我們的傳教使命，收入卻極微薄。還在 ENA 就讀期間，我告訴一位叫嘎吉耶（François Gazier）的主任說我已辭掉公職，他輕蔑地回我：「喔，那您要賺錢了！」這顯示出專家政治論者對於企業的一點重視，而在我的例子當中，則是一個判斷的錯誤。我大部份高級公職的同學都比我有錢，那是我一輩子也達不到的富裕。但為了進入 ENA，除了必須通過考試以外，因為公職是保留給法國人的，所以還需要出示戶籍登記表。從前，我向來都只拿到護照，這是在薩特魯維爾的警察局內進行的一種基本手續：我家人在這裏大家都認識，我們只需要填寫一份簡單的登記表，

無須核實。在這些護照上面，我是 Sorman，而這就足夠環遊世界了。唉呀！我從南特的外國人中心拿到的戶籍登記表上寫的卻是 Sormann。姓氏的拼法不是我所預期的；它似乎讓我更難被我所夢想的公職——省長或大使——所接受。這無法迴避的第二個 n，這多出來的 n，就這樣種在一份無法造假的文件當中。

　　我以二個 n 成為國家行政學院畢業生（énarque），這必須要用意第緒語（德語和希伯來語的混合語）發音的 n。1968 年「五月風暴」時，還在學期中間的我，會和另一個德國猶太人與加斯科人柯恩—邦迪在一起，倒是不讓人感到驚訝；我們一起走上聖米歇爾大道（le boulevard Saint-Michel），高喊比革命家更超現實主義的口號。這個從過去挖掘出的多出來的 n，讓我投入公職的雄心大志走了岔路。我誤以為在戴高樂主義的法國，大家都不能用相同的名字進入職涯。我曾幫忙做過培訓課程的省長，就明顯地在這第二個 n 發重音，發出 Sormanne，而不是略過它，這至少是我所想像的。我的偏執狂難道沒有根據嗎？我的同屆校友亞夫希茨（Jean-Franklin Yavchitz）成為省長，我表哥戈德柏拉特（François Goldblatt）是大使。但當時，我的感受就是這樣！假如我相信某位心理學家——雅各·拉岡（Jacques Lacan）的門生——說這個 n 是**仇恨**（haine）的說法，也許是因為某個理由。無論是 n 或 haine，這個多出來的 n 讓我決定一從 ENA 畢業就離開公職，而這在當時是沒有已知的前例可循的。

　　我根據一些比較確切的跡象，也曾懷疑決定一生前途的 ENA 畢業成績，是否也有些拐彎抹角。喔，那不像人家操控拳擊賽或足球賽那麼直接，而是有些狡詐來著：筆試與匿名考試的

成績，很奇怪地還要在經過「大眾文化」面試之後，由高官所組成的評審委員會糾正。由於「大眾文化」實際上是一種社會承認的考試，因此所有的考生匿名都消失了。到時，大使的孩子會被派到外交部，國務委員的孩子會空降最高行政法院。我則被分配到海關，表面上不是懲罰，但也差不多是了，一個不說自己名字的警察行業；我迫不急待想加入一家私人企業，他們每個人都有一個多出來的 n，而且似乎都過得還不錯：布婁斯坦—布蘭謝（Marcel Bleustein-Blanchet）所創建，之後由萊維（Maurice Lévy）領導的陽獅集團（Publicis）。1960 年代末，陽獅集團是最早的無國籍者，過早世界化的法國廣告公司，之後更成為世界最大的廣告公司。

　　我從陽獅集團跳槽到《L'Express》，這家報社的創辦人塞爾凡—施雷伯（Jean-Jacques Servan-Schreiber）與吉胡（Françoise Giroud）也都有一個多出來的 n。難道不是這個多出來的 n 唆使他們去衝撞法國社會，去歌頌美式企業，並且因為吉胡而去歌頌被解放的女人？後二者（吉胡和被解放的女人）比任何政治人物都更加改變了法國；曾經做為她們的「捉刀人」的我，還是覺得很自豪。無論 Jean-Jacques 或 JJSS（就像大家都這麼叫的——用美國式的語調，模仿他所欣賞的甘迺迪），並不是一直都有空去編寫他的社論，更沒時間編寫他的生活。苦工就落在兩個會寫作的國家行政學院畢業生身上：阿勒貝赫（Michel Albert）——一位金融督察，超級捉刀人——和我，副捉刀人。但總離不開塞爾凡—施雷伯與吉胡專橫的口述與重複閱讀。沒了他們兩人，阿勒貝赫和我連根蔥都不是。

　　n 的歷史並未因此結束，它將在最糟的時候，在我受到政治病毒感染的 1976 年，重新蹦跳出來。由於塞爾凡─施雷伯對於領導法國或甚至他自己的報紙都表現得太異想天開，因此我決定離開去成立我自己的刊物，《La Lettre du Maire》。我每週以 Sorman 名義為刊物寫一篇社論，囑咐法國的市長們管理他們的市鎮要像管理企業一樣。到今天為止，我都還一直跟著這個十字軍東征；四十年來，資金來自訂戶，沒有政治色彩的《La Lettre du Maire》，在地方選舉中一直發揮著某種權威。

　　沒有通知──時值 1975 年──他們其中一人突然闖入我巴黎的小辦公室：他一邊揮著《La Lettre du Maire》雜誌，一邊說「這太優秀了」。我不認識他。他顯得有點吃驚。「我是羅柏‧畢松（Robert Bisson），畢松博士。」喔，好！「我是利雪（Lisieux）市長！」太好了。「也是卡爾瓦多斯省（Calvados）議員！」見鬼了！「兼省委員會主席。」在他介紹他的多重身分時，我跌坐在我的扶手椅裡。「及信託局（Caisse des Dépôts）的監事會主席。」我彎腰鞠躬。「您好，主席先生。」他臉微微泛紅。1970 年代，除了他的部門以外沒有人認識的畢松，是卡爾瓦多斯省的封建君主。「我需要某個像您一樣的人，」畢松接著說，「您知道，我不年輕了，您將可以接替我。」很湊巧地，我和我妻子、小孩都很喜歡在這個地區的鄉間小屋渡週末。我突然以為自己是利雪市長、議員，但為什麼不是部長。我不敢問畢松屬於哪個黨。他是戴高樂派的，但以前是舊反抗軍的成員，且親席哈克。這不是我的宗派，在 JJSS 的影響之下，且因為欣賞歐盟的創始人之一，激進黨主席佛爾（Maurice Faure），因此我

是激進黨人。激進黨的基本黨綱是它允許被插入（encarté），不一定要追隨某個教條或某個領袖，一個換一個。激進黨是那些沒有黨的精神的人的黨。儘管如此，它的歷史貢獻還是很巨大的，從義務教育到歐洲的建立。激進主義思想包羅萬象，歷史上的戴高樂主義值一次彌撒，帶著一個 n，到利雪去。

　　我幫他在接下來的幾次選舉中草擬講稿與程序表的畢松，遵守諾言：把我放在第二把交椅，未來第二副手及繼任者的位置上。在利雪，人家都叫我 Sorman，法文的寫法與發音。我以這個單獨的 n 出現在選舉公報與選票上。我在這個聖泰瑞莎（sainte Thérèse）的故鄉的法國化，最終似乎進行得頗為順利。但利維坦國家（État-Léviathan）卻虎視眈眈。在二輪投票中間，國家的《政府公報》刊出一紙由總理巴赫（Raymond Barre）與司法部長佩雷菲特（Alain Peyrefitte）簽名的政令：「因為法國最高行政法院已確定」，我被准予將我的姓氏 Sormann 改成 Sorman。這紙政令是我之前進行了好幾年的一個作業的結果，為了將這個多出來的 n 徹徹底底地消滅掉，讓我的姓氏和它的發音真正法國化。這麼長的一個程序都快把我搞瘋了，此外，因為簽名都簽正確發音的 Sorman，我並沒有預期到最終結局。是透過什麼樣的玄機讓這段醞釀了好幾年的文字，在二輪之間被公佈出來？偶然還是惡意？很明顯是偶然，這樣的偶然引導著我漂泊的家人，一代又一代。畢松被打敗了：必須重印所有選舉公報與選票，因為 Sormann 合法變為 Sorman 要在政令發佈後一年才生效。法律允許用大家都知道的名字競選，不一定要和戶籍上的相符，但市長不想冒廢除的風險。在利雪，人們只談這個；不爽我

插進來選舉的市長候選人，高興得放鞭炮。在那個時期，投票的模式允許從名單上劃掉一些名字，「將不同黨派的人列入同一名單」，這簡直就是誘使作弊。突然發生我們始料未及的事：我們的候選人把畢松和我的名字劃掉，在投票給我們的名單上，卻沒有我們。這個戴高樂派的名單輕而易舉地通過了，至少刷掉我們。我的政治生涯還沒開始就結束了；畢松的政治生涯則苟延殘喘下來，一直擔任議員直到下次選舉。n 把可笑的野心抹殺掉了：三十歲就當利雪市長，無論 Sormann 或 Sorman，都不代表什麼意義。選民都比我有見地。從此以後，第二個 n 從我的戶籍裏消失了，不留一點痕跡。

　　n 再次以意想不到的方法，在美國又重新蹦跳出來。2015年，我和內人在等著成為美國公民的最後一個步驟，一段在經過移民官員的面試之後結束的馬拉松賽跑。該官員核實你是否在美國合法居留五年，你在這段期間的納稅申報情形，無犯罪紀錄，懂英語和美國歷史，以及你所出示的身分文件的有效性。為了這樣一個障礙賽，瑪麗—多米妮各準備了好幾個月。是呀！她即將躍過最後一個障礙，這多出來的 n，一定會蹦出來的。

　　從此以後，我姓 Sorman，但我們在薩爾特河畔香帕涅市（Champagné-sur-Sarthe）取得的結婚證書上的日期是我還姓Sormann 的時期。Sormann 太太想成為美國人，因為她是我太太，但她跟我不同姓。她開始進入姓氏演進的倒帶，順著戰爭、革命、流亡、越過邊境，一直到我們誤以為將會是最後一個同化加入一個國家的願望。總之，她是如何隨著她先生姓氏之拼法的曲折變化而變成 Sorman 太太的。應該常常遇到一些更複雜離奇

事件的官員，似乎對這個猶太─歐洲的歷史過程很感興趣。他一直推遲我妻子的公民申請，直到她出示可以證明四十三年來Sorman 太太一直都是 Sorman 先生的妻子的蓋了鋼印的文件那天。這讓整個程序又多了三個月的時間，歷盡千辛萬苦終於找到香帕涅市主任親手寫的幾乎無法辨認的文件的時間。在修改過的結婚證書的邊緣，他親筆寫下：「根據 1978 年『法國化』我的姓氏之政令，Sormann 太太 —— 母姓德妮優（Deniau），Sormann 之妻——得稱為 Sorman。」經過英語翻譯，美國當局滿意了，瑪麗─多米妮各成了美國人，但是在與一個外國人結婚三個月之後。

　　多出來的 n 的驚奇之旅到盡頭了嗎？對我這一代來說，當然，但對於我的孩子們，還有得瞧！移居的風險，電腦化、猜疑而不近人情的官僚作風所進行的戶籍校正，也許哪天就會在我們某個女兒資料上出現不太法國也不是天主教的姓氏——Sorman。她出生時姓 Sormann，在她正名後面，還藏著一個更模糊的第二名字——莎哈（Sarah）或貝茲莎貝（Bethsabée）。在面對一位曾經讀過果戈里（Gogol）的奧威勒官員，或更可能面對一個沒有讀過任何東西的像機器一樣行事的人時，她就得開展一段始於1492 年，中間還經過伊斯坦堡、華沙、柏林、巴黎、紐約的冗長歷史，就用這個多出來的 n，以炭 14 在木乃伊與家譜中寫上日期。

第七章

中士的笑

　　法國軍隊沒有讓我變得愛國，沒錯我只在那裏待了六個星期。1966 年，因為徵兵制受到徵召，又因為進入國家行政學院，因此想要為法國服務的我，和一些考試及格者一起來到一個所謂的駐軍會議中；每個人都向軍官審查委員會說明自己的喜好。我們未來全都要成為少尉，算是運氣好的人，參謀部在大黑板上張貼了一張海報，建議我們做職務分派的選擇。受到我正在閱讀的馬爾羅（André Malraux）的東方小說的影響，我選擇到柬埔寨擔任援外人員。很快地，我發現越多人要的職務——首先是位於巴黎的國防部、我們的舊殖民地與大使館的合作員額——越優先分給一些「權貴子弟」（fils de famille），最好是祖先已服務法國幾個世代了、姓氏有貴族前置詞的，接著是分給那些屬於人們稱之為「車馬侍從」（écurie）的人，這些由某前部長或有聲望的官員所推動的顯耀工作群組。名單的最後，還剩下軍隊的衛生服務落在我身上。這個平凡職務的唯一優點是：也作為軍醫院的維勒曼（Villemin）兵營位於東火車站，就在馬尚塔

（Magenta）大道上我的學生宿舍對面。

　　我在冬天時重回這座冰冷、不衛生的營房── 1968 年關閉，最近改成外國藝術家的接待中心──一刻都無法想像瀆職居然比紀律更統治著軍醫這個行業。孩提時的一個記憶應該讓我有所警覺。在阿爾及利亞戰爭期間，我們的一位近親，二十歲，叫加布里埃爾・馬爾克斯（Gabriel Marx）的年輕人，和所有他這一代的人一樣，出發上戰場。他的父母發現有些人並沒有去，或比其他人更快回來。身為獨生子的加布里埃爾身體並不差，但他的父母照顧他就像照顧個瓷娃娃一樣。他們認為他需要為了某個壞的理由犧牲嗎？加布里埃爾的父母輕易就發現，想要逃避兵役，要嘛最好有些關係，但他們沒有，要嘛要有錢，而他們只有一點點。他們把一筆贖身金交給人們稱之為「司令」的中間人，就這些而已：他會搞定一切。年輕的加布里埃爾很快就在他擔任準尉的歇赫歇勒（Cherchell）營區，被診斷出患有精神障礙，要求他返回法國，接受進一步檢查。一個星期後，他就被送進巴黎的聖寵谷軍醫院（Val-de-Grâce）。面對過分仔細的醫療評估，加布里埃爾原本確定他將被送往阿爾及利亞。但上校主治醫生在幾位也是軍官的住院實習醫生陪同下前來，心照不宣地告訴他將可立即退伍，因為他確定無法勝任。當天晚上，加布里埃爾就見到家人。他父母到底匯了多少錢？我不知道，但所有軍官都從加布里埃爾的疏通管道中得到好處，一個溯及聖寵谷上校醫生的長長的共犯鏈。到底有多少加布里埃爾因此退伍？軍隊，我不知道，但 1960 年左右的軍醫已爛到骨髓了；這些荷包滿滿的軍醫可以推論出阿爾及利亞的撤退是當兵的好理由。

阿爾及利亞戰爭結束了，這些軍官寧要性服務，不要金錢。我發現在維勒曼兵營，所有的一切都可以被協商，從夜間「翻牆」到區內的電影院看電影，到完完全全退伍，「甚至在戰爭時期」。這段讓人安心的文字，寫在我恭恭敬敬收藏起來的退伍令（軍事紀錄）中：誰料想得到呢！好奇心太重的讀者可能會想知道，這次退伍花了我多少錢。立志要忠誠的我，哪怕失望，也要證明檢驗室軍官作假的血液檢查與上校醫生的虛假檢查，只能用永遠不會兌現的承諾支付。高官們和年輕人一樣幼稚。證據呢？

就在這段時期，米歇‧爾薩杜（Michel Sardou）唱著：

中士的笑，
軍團的瘋，
龍騎兵隊長的最愛。

這是一首非常受歡迎的歌，家戶喻曉。它應該是從這裏來的，因為歌詞提到「十個袋子」，那是一位護士向他要求，可以幫他回家的十個袋子。

幾個月後，我所擔心的事突如其來：我在巴黎和某位上校擦身而過。是因為他原本就是個正直之士，還是為了做爛好人，他說他絕不相信我所言屬實，但他立即就瞭解我是個不適任的軍官……對於軍隊來說，在外形塑的形象比內部實際的素質重要。算了，他最好以為我是自我認識不清。

生平第一次描寫我短暫的軍旅生涯，嘗試回想我肩上所乘載的歷史重量比士兵出征的重量重多少。就我所知，這段歷史要回

溯到 1916 年。當年，我父親居住的華沙，被箝制在德軍與俄軍之間。雙方為了招兵買馬，搶光了市裏的年輕人。Nathan（作者父親的本名）剛上了入伍的年紀：他到底該效忠誰呢？他是猶太人的身分，這在當時的俄羅斯，以及一直到 1990 年，都被認為是一種國籍。但華沙是在波蘭，波蘭人又希望恢復獨立。此外，由於當時的德國是反抗惡劣的俄國反猶太主義者的避難所，而納粹主義尚未成氣候，因此他主要的家人都住在柏林。所以柏林是我父親所選的，不是潛逃，因為這場戰爭和他無關。具有語言天分的他，因環境所逼，在黑市裏做起他生涯裏的第一份職業，也就是在俄國俘虜與提供菸草及酒精的德國爛人之間扮演中間人的角色；他做得有聲有色。歐洲內戰在美國軍隊吹動終戰號角時結束。然而 1945 年，又因為希望始終猖獗的反歐復仇主義別再讓我們失去理智而重燃戰火。

在我父親退伍時，他的長輩們並不鼓勵他再加入軍隊。他的哥哥被當局召入哥薩克騎兵，為期十年，1905 年被派往滿州地區和日本人作戰（譯註：日俄戰爭），一如拿破崙時代，他們也是徒步前往。九個月後，他終於抵達前線：然戰爭已結束，停戰協定簽訂，俄國人已戰敗。這位相信祖先代代相傳的傳奇故事的伯父，有幸從連接海參崴與西歐的西伯利亞搭火車返回華沙。另一位伯父──父親他們一共有十兄弟──則帶著猶太教教士的祝福，寧願自斷右手食指，作為不得不退伍的理由。我父親在臨終時，希望再看一眼華沙，但因為擔心他曾經逃離一個已經不存在的國家──沙俄──的已經不存在的軍隊，他從不敢回去。七十五歲的他，還在擔心被扣留或被徵召。我最終還是無法解除他的

恐慌。這似乎是一個世代相傳的真正疾病。

　　1914 年的戰爭和內戰一樣，也在我們的家族相冊中得到證實。透過我太太，我們繼承了一張她祖父騎著馬、穿著法國騎兵隊隊長制服，在達達尼爾海峽前線拍攝的烏賊墨色相片。透過我父親，我得到我的一位堂哥騎著馬，留著相同的鬍子，穿著幾乎相同的制服的圖片。他在奧地利軍隊裡，為佛蘭茨—約瑟夫（François-Joseph）打仗。奧匈帝國皇帝有數不清的頭銜：其中，我在奧地利加利西亞（Galicie）一個 shtetl（小城市）中出生的母親很喜歡的頭銜，就是「猶太人的保護者」，他的確是，因為他打擊維也納的反猶太流氓。

　　離開維勒曼兵營五十年後，當我必須對著美國國旗宣誓時，當中有一段令我甚為困窘：承諾一旦發生戰爭時，願服美國國民兵役或民事役。據悉，1967 年，雷蒙・阿宏（Raymond Aron）曾經被一些法國國家主義者強烈逼退，因為他與戴高樂將軍決裂，而被控「雙面人」；戴高樂以法國的「阿拉伯政治」名義，懷疑以色列征服耶路撒冷與約旦河西岸，同時譴責猶太人民「相信他卻又喜歡支配」。身處當代，我覺得法國與美國公民身分之間的衝突還非常停留在理論上。法國與美國始終都是盟友；法國是歐洲大國中，唯一和美國從未有過戰爭的，英國、西班牙、義大利和德國都有過。當法國政府表示不願意向美國財政部償清 1830 年代與 1920 年後，兩個情況中的戰爭債務時，才出現罕見的外交與財政方面的摩擦。1960 年，戴高樂將法國從北大西洋公約組織的軍事指揮部撤出，而席哈克則於 2003 年拒絕加入伊拉克戰爭的同盟，但在這些特殊的情況中，同時是兩國公民的

人，對於忠誠並不會左右為難。只有外交使節才有這個問題。

相反地，因為是法國人，也是美國人，我知道如今我的安全
與和平都仰賴美國軍隊。無論法國人接不接受，高興或後悔，這
都是事實，而事實是無法改變的。

我注意到的第一個美國軍人是一名解放的英雄。1944 年，
李奇威（Ridgway）將軍指揮諾曼第登陸；1952 年韓戰時，他擊
退位於他們邊境後方的中國士兵。隔年，他接替艾森豪北約部隊
司令的位置。但反常的是，1953 年，他竟讓一支共產主義的堡
壘在薩爾特維爾登陸。是被教唆還是為了重新征服輿論的操作？
1944 年，薩爾特維爾車站遭到美國空軍轟炸，還有連接薩爾特
維爾的塞納河上的橋，以及住著工人與平民的拉斐特之家
（Maisons-Laffitte）。當時，包括我在內的人群揮動著紙做的美
國小國旗，大聲喊著我們在共產黨市長的指使下塗在牆上的標
語──Ridgway go home（李奇威滾回去）。李奇威應該很享受這
個法國精神分裂症：我們既親美又反美，二者同時存在，沒有矛
盾。而面對著威脅我們的伊斯蘭虛無主義（islamo-nihiliste）的恐
怖行動，我們還是堅持，「親」與「反」：當美國軍隊來時，我
們譴責他們，而當他們不介入時，我們又說他們錯了。

人們期待美國警察在近東維持一個西方國家可以與之共存的
現狀。簡直癡心妄想！互相爭奪伊斯蘭聖地且一心想要取哈里發
而代之的部落們，永遠不會商妥採取聯合國的西方形式，也不會
接受外交規範。我們充其量只能希望美國人──只有裝備才能達
成──壓制社會動亂。他們根據雷烏斯（David Petraeus）將軍所
編寫的暴動鎮壓手冊，努力去做。一本靈感來自一位法國軍官嘎

魯拉（David Galula）的手冊，有誰知道嗎？據記載，雷烏斯征服伊拉克，打敗海珊（Saddam Hussein）的軍隊，之後，出乎他所意料地，他發現，面對遜尼派的暴動，美國人根本不是被以解放者的身分接待，而是以篡位者的姿態對待。遜尼派、什葉派、庫德族？他向我坦言在入侵之前，他不太重視這些區別：「我們是在異鄉的陌生人。」

我在寫一篇有關美國軍隊的論文時，和雷烏斯見過面。2005年，為了好好考慮要不要去高級軍官培訓學校——萊文沃斯堡（Fort Leavenworth）的美國聯合兵種中心，他從戰場退了下來。他從嘎魯拉的《反暴動：理論與實踐》（*Contre-insurrection: théorie et pratique*）一書中得到啟發，發想出一個新的美國學說。我在萊文沃斯堡遇到幾位實習的法國軍官，發現英文版的嘎魯拉；雷烏斯在 2008 年法文再版的序言中，稱他是「反暴動的克勞賽維茨（Clausewitz，譯註：普魯士將軍及軍事理論家）」。嘎魯拉的路線讓人想到在法國不太為人所知，直到美國人才讓我們重新認識他的托克維爾（Alexis de Tocqueville）的路線。一直到 1950 年代，我們才重新認識他，有一部份是因為在美國授課時理解到其重要性的雷蒙·阿宏。

突尼西亞猶太人，神秘的嘎魯拉，在 1929 年入籍法國。受到他在中國、印度支那與卡利比亞地區（Kabylie）當兵的經驗影響，他認為一支正規的軍隊無法靠著直接攻擊就摧毀反抗軍，倒不如贏得當地群眾的支持認同，才能讓造反者無法再如魚得水。1958 年，他在卡利比亞進行一個不受參謀部理解的策略，讓阿爾及利亞留在法國為時已晚。嘎魯拉離開軍隊後，在哈佛大學任

教一段時間，在這裡，他和年輕的季辛吉（Henry Kissinger）一起讓他的理論與認同思想，在其他同事之間成形。

在萊文沃斯堡，除了讀嘎魯拉的書，雷烏斯還強迫他的客人，包括我在內，看彭特克沃（Gillo Pontecorvo）的電影──《阿爾及爾之戰》（*La Bataille d'Alger*，1966 年）。他解釋因為有居民默默的支持，「阿爾及爾戰役」是法國鎮壓 FLN（譯註：民族解放陣線，從 1962 年阿爾及利亞自法國獨立後，開始執政至今的政黨）反叛中少有的成功。雷烏斯從美國參謀部得知，參謀部已通過這個策略，並將分別於 2007 年與 2008 年，在伊拉克與阿富汗實施。重複巴格達與喀布爾的「阿爾及爾戰役」，美國士兵不是待在營房裡，而是分享當地居民的日常生活與風俗習慣：他們不再被看作是敵人，不再是標靶，他們的損失減少了，一直到他們移交給當地軍隊那天。

反暴動並沒有為近東帶來單純與完美的和平，它並沒有用更民主的體制代替舊有的專政，它並沒有消滅敘利亞與伊拉克的伊斯蘭暴動。「戰爭真正的成敗，再也不是以明確且日期清楚的失敗或勝利來定義的時候了」，雷烏斯說。為了證明他們必不可少的特徵，美國一撤退，更暴力的行動──敘利亞的伊斯蘭國，伊拉克的蓋達組織，阿富汗的塔利班──就立馬填補了空缺。

在法國很少提及的這個美國警察，在太平洋地區執行了一項和我們舒適的日常一樣重要的職務。您想想您的行動電話、電腦、電動遊戲機、廉價服裝是哪來的。當然是亞洲。是經由哪條路線，而且，以瑞士鐘錶的規律性來說，為何毫無障礙呢？基本上，這都要歸功於在夏威夷與新加坡之間巡航的美國第七艦隊：

它是監督亞洲與歐美之間通訊流動——經濟全球化的主要脈動——的交通警察。想像一下一個沒有第七艦隊的世界。您的行動電話？它的價格可能要翻十倍或更多；只有大眾運輸才能讓它受到大眾消費。在一個沒有第七艦隊的世界，私人或國家海盜將讓海路無法通行。人們不能沒有警察；警察能不是美國人嗎？

最終，中國將擁有和美國一樣的海軍戰力，但還需要二十來年。這個未來的中國會得到鄰國的接受嗎？它不走小路。長久以來受到期待的第七艦隊，一直都是不可或缺且受人歡迎的。從它位於橫須賀的母港出發時，我可以看到喬治·華盛頓航空母艦、旗艦的美國船員，受到日本看熱鬧群眾的鼓掌歡迎。停靠在台灣基隆港時，船員更受到熱烈的接待。有人跟我保證說上海的接待更熱情：上海人把他們的興趣擺在他們的民族主義熱情之上，前提是他們的熱情沒有被共產主義的宣傳給膨脹。

當然，這份對於在近東與太平洋地區的美國武裝力量的讚美詞，為我招來過多有關雙重身分的譴責。但哪怕全世界因執行這個使命而強烈抗議，我還是最喜歡美國。就算要付出薩杜的「十袋」或相等的代價。

第八章

你太自由了

　　1985 年 10 月 3 日，左翼日報《*Le Matin de Paris*》的一個叫歐蘭德（François Hollande，譯註：法國社會黨領袖，2012-2017 年曾擔任法國總統）的休閒文學評論家，對我當時剛出版的書《*L'État minimum*》做了評論。他下了結論並且宣稱我的自由主義辯詞，只不過是靈感來自一個名叫雷根（Ronald Reagan，譯註：美國前總統，年輕時曾擔任演員）的彆腳演員的「B 級肥皂劇」。在這個相同的論戰血管裡，歐蘭德駁斥自由主義的所有真正法國特性，且指控我在我們國家強迫推銷了一個對盎格魯薩克遜人來說還不錯的學說。「自由主義，美國海市蜃樓」，他寫道。不是諷刺或知情，而是狠毒的歐蘭德，還補充說少見的法國自由黨人就是一些「合作者」（附敵分子）：就像百日王朝（Cent Jours）期間的康斯坦（Benjamin Constant）之於拿破崙（譯註：「百日王朝」指被流放的拿破崙逃回法國後，再次結集軍隊，推翻波旁王朝而二度稱帝，直到滑鐵盧之役戰敗後被俘，其再度稱帝共101 日）還有維琪政權底下的官員，但對於後者，他沒提任何人

名。那個星期，經濟記者坡里烏雷（Roger Priouret）在《新觀察家週刊》（*Le Nouvel Observateur*）裏稱《*L'État minimum*》是「法西斯」著作。在年輕歐蘭德與坡里烏雷的說辭中，還沒有多少人清楚密特朗有多接近貝當。政治天份顯然多於寫作天份的歐蘭德，對當時認為「只有社會主義才是法國的、是愛國的；自由主義必然是美國的；所有對自由主義有好感的作者，實際上就是美國人，是『附敵分子』」的密特朗的宣傳作了回應。同樣的排斥手段，將被《世界日報》（*le Monde*）社長科隆巴尼（Jean-Marie Colombani）用來對抗薩科奇。2008 年，他在他的《*Un Américain à Paris*》書中，形容總統是「暫時將行李放在法國的前往美國路上的匈牙利移民」。這些來自如科隆巴尼或歐蘭德等左翼作者的反世界化含沙射影，莫名其妙地有一種通常極右派才有的排外氛圍。

因此，早在我把我的法國國籍（取得）上加入美國公民資格（選擇）的三十年前，我就曾被媒體界與巴黎的學術**機構**稱為美國人。這個被我們的知識界的意旨喊出來的入籍，是因為擔心我會擾亂從 1980 年代開始就主宰法國的意識形態現狀，而處心積慮要把我驅逐嗎？我 1983 年開始發行的幾本著作及它們出乎意料獲得的回響，已然挑起《世界日報》、《新觀察家週刊》、《解放日報》（*Libération*）接二連三判下的流刑；一開始，我只計畫要調查當時是什麼讓盎格魯薩克遜的世界動盪不安，想要說明雷根主義與柴契爾主義。我自己是屬於左翼社會民主黨：孟德斯・法朗斯（Pierre Mendès France）是我的良師益友，而羅卡爾（Michel Rocard）看起來很有前途。為了對抗密特朗為首的社會

主義黨與共產黨的執政聯盟，我的政治團體——左翼自由黨人紛紛加入了左派激進黨。無論密特朗的機會主義動機是什麼，共產黨的集權意識形態都讓我無法接受這個聯盟，而右派共和黨與國民陣線（Front national）的聯盟，也讓我有同樣的感覺。

我從我曾經積極參與的「五月風暴」中，保留了一些絕對自由主義的渴望。但自 1980 年代初開始，世界就變了：在蘇聯及一些以為踏上繁榮興盛捷徑的貧窮國家身上，顯見社會主義的失敗。在中國，鄧小平捨棄完全的共產主義，恢復私有財產及部份的市場經濟。在拉吉夫・甘地（Rajiv Gandhi）的指示下，印度緊隨其後。在歐洲左翼社會民主黨的「典範」——瑞典，為了讓一些社會服務經營地更好，國家退出經營：瑞典人讓社會服務「私有化」——法國直到 1984 年才出現此名詞。只有著迷於密特朗主義（過期的革命浪漫主義形式）的法國人，似乎對這些地球的運動無動於衷。雷根發蠢才來我們國家，因為四十年前，他是個 B 咖演員，柴契爾夫人是歇斯底里的戰士，而柯爾（Helmut Kohl，譯註：德國政黨領袖，曾任德國總理）是德國人。

在巴黎人的這個小圈子裡，很少考慮到這些人其實預示著即將改變經濟、民主與風尚，有智慧且頗得人心的潮流。人們稱這個運動為「新自由主義」，沒有人知道是誰發明了這個名詞。為了推廣這個新的思想，美國最大日報《華爾街日報》——不僅傳播思想，也傳播經濟資訊的媒介——推出了歐洲版；網路當時還不存在。該版主編布雷（Thomas Bray）想在巴黎找一位不是馬克思主義者、會講英語且不是「知識分子」的專欄編輯。在美國人眼裡，知識分子是典型卻又不太引人想望的法國人，他們把意

見放在知識之上，把他的愚昧淹沒在某種哲學語錄的調味醬中。
很幸運地，我一向避免成為一個知識分子或被看成這樣的人，而
且我還符合另外兩項要求。我因此開始在《華爾街日報》的輿論
版，在美國報紙的訊息版撰文。輿論版須對當代問題表態，訊息
版則不用；從那時候開始，法國報紙就贊成這種區別，但無論訊
息版或輿論版，都隱約透露出某些保留。因為曾在美國報紙寫專
欄，之後還在美國出書，因此我對於事實審查——fact checking，
及為了讓你的言論被最廣大的讀者瞭解而被編輯改寫——我對媒
體編輯作業的情況是頗為熟悉的。我喜歡這些謙遜而嚴謹的流
程，迫使作者去改善自己，而這在法國出版業還不夠普遍。

　　這個專欄作家的活動，領著我近距離觀察雷根主義與柴契爾
主義。在白宮和雷根及其一直陪伴在旁的夫人南西會面，讓我從
他本人記住他最真實得一面。那是一個緊密的整體，很簡單的：
他說的話都有某些基本原則——資本主義是好的，蘇聯是壞的。
他相信這些原則，也沒有口述讓一些行銷顧問幫他寫稿。他是最
後一個親自拿筆為自己的講稿潤稿的美國總統。

　　柴契爾夫人在唐寧街 10 號接待客人時穿著拖鞋。和雷根一
樣是空論派的她，更詭辯，更帶有自由主義的哲學思想。這些人
物以外，我還初步學會了一些哲學家與經濟學家的行動知識原理
與決定性角色，如奧地利入籍英國的海耶克（Friedrich von
Hayek）與波普爾（Karl Popper），及傅利曼（Milton
Friedman）、貝克（Gary Becker）與克里斯托爾（Irving Kristol）
等美國人。他們向我解釋他們的古典自由主義（英文是 classic
liberalism）有多感謝法國的開路先鋒，如賽伊（Jean-Baptiste

Say）、巴斯夏（Frédéric Bastiat）、德如維內爾（Bertrand de Jouvenel）與呂埃夫（Jacques Rueff）。我在史丹福大學上巴斯夏的課是用英語。美英經濟學院的永久課程，在法國已經有一個世紀沒有發表了。他們尤其感謝這句對創作自由有利的名言：「總是有一些蠟燭商人抱怨太陽的競爭。」賽伊呢？反對拿破崙的經濟國家干涉主義者、完全相信企業家之主動性的供給理論的建立者（所謂的賽伊定律）、法蘭西學院第一個經濟學教授的他，在我們國家淪落到被當成一個中學的名字，而他的作品並未列入這所中學的課程當中。德如維內爾還在我們之間，但他 1944 年出版的曠世巨著《Du pouvoir》的光彩，被他最近對於環保先知主義的熱情給掩蓋住了。

　　由賽伊、巴斯夏與最近的德如維內爾及呂埃夫等人，明確提出的古典自由主義的再現，在轉口英國與美國之後，贏得了世界。這個新自由主義值得出一本書。要不是我們的朋友海爾特（Clara Halter）的力勸和一位年輕主編，雷維（Bernard-Henri Lévy）的盛情難卻，我永遠也不會寫這本書。當時，他還沒變成BHL，他的天才卻讓所有人信服。1979 年，為了幫助被蘇維埃軍隊追捕的阿富汗難民，我們和吉胡、卡斯特勒（Alfred Kastler）、阿塔里（Jacques Attali）、海爾特（Marek Halter）、勒華伊拉度里（Emmanuel Le Roy Ladurie）、賽巴各（Robert Sebbag）……一起創立了一個人道組織，Action contre la Faim（反飢餓行動），由我擔任長達十年的主席。我跟雷維說我只寫過專欄，說我沒有什麼要說的了，他跟我說寫一本書不一定要說什麼大事情。就以往的經驗，標題、主題與想法的鋪陳，由作者來寫，

其餘部份由編輯負責。自此，我一部份考慮雷維的建議：就像細木工一樣，寫作是手工業，技術有時比內容還重要，這是沒有從事寫作的人難以想像的體力活而非腦力活的活動。就像漫畫《臭皮匠》（*Les Pieds Nickelés*）裏被人遺忘的思想主人翁 Ribouldingue 要讓我們知道的，寫作要求的是「安靜與拼寫」，這也是我自己給自己的座右銘。同時，另一種我試著反駁其方法的寫作拯救了我。根據吉斯伯特（Franz-Olivier Giesbert）的說法，作者應仔細琢磨簡介、前面幾章與最後一章，因為讀者會在二者之間陷入死胡同，而且沒有必要在這個進退維谷裏掙扎。假如作者很匆忙，且有待吉斯伯特的成功來判斷，這倒不失為很好的技巧，但不適用於我這種人：我的著作是有結構性的，就好像一系列的實驗室試驗一樣，每個章節都不容亂來，殊不知讀者一看就看了整本。

向雷維讓步之後，我在 1982 年以報導文學的方式，寫了《美國保守革命》（*La Révolution conservatrice américaine*）這本書。唯一的小分歧是，我想把他而不是出版社當永久的朋友，而他卻太忙於陪同新手作家的任務。我有幸代替他被杜航（Claude Durand）接受。巴黎每個時期都有一個重要的發行人。在我這個世代，就是杜航。一直到 2015 年他過世為止，他可說是唯一一個，獲得他的接受對我來說很重要的讀者，也是唯一一個，我在出版前會把手稿給他過目的人。直到目前這本寫於他過世之後的作品。即使他沒有重寫我的原文（他給其他優秀作家的服務），他也會讓文章更容易閱讀：移動一個字；把句子前後順序倒置；加個簡單的分號，讓呼吸順點。杜航既不會加句子，也不會刪句子，而是把句子重新組織一下。三十年中，調皮地躲在他編輯的作者後面的

他，讓人相信他不是我們之間最好的作家。但是從他離開 Fayard 主席的位置之後，他每六個月就出版一些評論、抨擊文章和小說。在 2015 年出版的《*Usage de faux*》書中，他描述了一個創造自己的生命，把自己的小說寫作都放在一個「黑人」身上的一個叫做古勒（Abraham Gould）的嘴臉，揭露了巴黎文學的習性；古勒在「他的」書上親筆簽名，卻沒有讀過，連主題都不知道。古勒會存在，杜航不是他的編輯。在另一本以無賴、騙子的流浪冒險故事為題材，書名叫做《*J'aurais voulu être éditeur*》──該標題是為了向伯傑（Michel Berger）與呂克普拉蒙登[1]表示敬意──的書中，他讓我們探訪了一趟天才技工的機房。因為他，我想出了一個書名將取為 "*J'aurais voulu…*"（我想要……）的系列，書裏每個人都要敘述他真實或杜撰的生活。我建議擷取第一句，使用 J'aurais voulu être français，同時向杜航解釋：我並沒有為了達到某些目的──良好教育、法國榮譽勳章、當選地方選舉、妻子與小孩都是天主教徒、入共濟會──而做出努力，然而如果我什麼都不做，將什麼也達不到：我曾經在此，但不會一直都在此。杜航建議這是最後一次，因為這將是我的敵人。等著瞧吧：最後一個是多少敵人？最後求救：遠居他鄉或找美國出版社幫忙。

　　大作家嘔心瀝血，死而後已，2015 年，杜航遺留給我們一部小說，《*M'man*》，一本曠世巨作，就在我們二人共同分享的 1950 年代悲傷的巴黎郊區。這本書將讓那些他有為其改過校稿

---

1. "J'aurais voulu être un artiste"，*Starmania*（1978 年）中，*Blues du businessman* 最前面的歌詞。

的人，陷入創作的欲望之中，讓一年前拒絕他候選人資格的法蘭西學院成員感到羞愧。對此，他依然接受失敗：「他們還我自由了」，他從瓜德羅普群島（Guadeloupe）中，他自己的聖人島（Saintes）上寄到曼哈頓島給我的一張明信片上寫道。杜航很享受這個真正的自由，《M'man》的出版可資證明，就像未來的某一天，法蘭西人文科學院（Académie des sciences morales）也將還我自由。

1984 年，在杜航的安排下，我出版了《La Solution libérale》一書，描述世界其他地方保守革命的結果，之後又出版《L'État minimum》，談論法國的自由主義。法國的自由主義並不像美國的自由主義那麼傳統，基於一個我頗贊同並表態支持的新理由：它是樂觀主義的。這個樂觀主義讓它變成 néo（新）的。從托克維爾到雷蒙·阿宏與德如維內爾，法國的自由主義在傳統上是懷舊的，甚至完全的悲觀主義。在讀德如維內爾[2]時，整個歷史可能都會被帶到某個利維坦國家不可避免的進展當中，把全部的個人自由消磨殆盡。雷蒙·阿宏在他 1977 年出版的《Plaidoyer pour l'Europe décadente》書中提到，我們的民主政體將不可避免地讓位給蘇維埃巨輪，他既沒有預料到蘇聯的解體，也沒有預料到資本主義的勝利。相反的，同時期的海耶克與傅利曼卻認為社會國家主義帶著一種致命的病菌，將由內而外腐敗，而這件事突然就在 1989 年發生。

---

2. 德如維內爾（Bertrand de Jouvenel）著 *Du pouvoir. Histoire de sa croissance*, Éditions du Cheval ailé, Genève, 1945。

　　我讓自己成了敘述者，但不因此贊同這些盎格魯薩克遜思想家的所謂無政府資本主義的所有論點；我沒有想像市場可以完全取代國家，也沒有想像資本主義通往幸福，並接受傅利曼與羅斯巴德（Murray Rothbard）的論點。我覺得雷根主義與柴契爾主義充滿了一種不同於法國天主教的神學，而美國的情況是，充滿國家對於美國歷史的同質仇恨，對於我們的歷史卻很陌生。我的任何細微的差異都不為法國評論界接受。此外，在我們的知識傳統裡，只當社會現象的專欄作家而不偏袒，那是不可能的。1980年代初，主持當時最受歡迎的電視辯論節目的米歇爾‧波拉克（Michel Polac）邀我參加《Droit de réponse》節目，這位優秀的記者不斷問我是不是雷根─柴契爾理論者。我拒絕這個過於簡單的參與，竭力解釋我當時試圖要描寫的東西。白費心思。在文化辯論聖地《Apostrophes》的主持人皮佛（Bernard Pivot）的平台上，我參加了一個名叫《Paris-Texas》的節目，這是汪德斯（Wim Wenders）的一部電影的片名，莫名其妙地把我的書貼上「美國書」的標籤。我向皮佛說明自由主義的法國血統，結果白費力氣，這位勃艮地人把我當成了德州人。

　　來看看鮑威爾（Louis Pauwels），這位大作家、大詩人，因為他反主流的天主教與超現實主義身分，讓他不太受他那個時代的歡迎。1979 年，他成立了《Le Figaro Magazine》雜誌，可說是頹廢美學與異端輿論的融合。鮑威爾被他輕視的巴黎左翼討厭，他反過來認為他們「老是搞錯未來」。鮑威爾對奇怪的東西總是很感興趣，他跟 1950 年代的達利，及一名被叫做葛吉夫（Gurdjieff）的精神領袖很像，之後，在被阿卡普爾科

（Acapulco）一處沙灘上的天使嚇呆之後，就改信天主教了。在天主教教義裡，乳香與儀式都比訊息更吸引他，尤其是在教會被梵諦岡二世（le Concile Vatican II）奪走黃金之後。

　　1980 年代初期，鮑威爾把這本在法國最多人看的雜誌中的幾頁，給了一個邊際思想運動，la Nouvelle Droite。他的創辦人打算恢復異教儀式，重新把我們國家帶回凱爾特人之根〔譯註：凱爾特人（Celt），也譯作賽爾特人、居爾特人、蓋爾特人、克爾特人等。是西元前 2000 年活動在西歐的一群有著共同的文化和語言（拉丁文）特質，且有親緣關係的民族之統稱。（參考維基百科）〕，猶太基督教之前。在這個知識的大漩渦裡，《美國保守革命》（*La Révolution conservatrice américaine*）出版了。說自己是雷根主義者與保守派（雖然這個詞英文和法文的意思不同）這件事，對於鮑威爾來說，是一個擋不住的誘惑。他把我的書用於社論，這在當時已足以創造流行。鮑威爾沒有詢問過我就宣稱我希望「有一場保守革命」，也希望法國有。這一點意義也沒有，宗教的熱情、福音的復興運動、這個美國保守革命的基本層面，對於世俗法國來說，不值一文。尋找驚險刺激，對鮑威爾來說也沒什麼要緊的。他把我加入，而我讓他這樣做，是因為人們對於鮑威爾，就像對不久前的塞爾凡—施雷伯，從來不會感到厭煩。

　　然而有個鮑威爾和我到現在都還沒有解決的誤會始終存在：如何可以既是猶太人又是無神論呢？對於天主教徒一如他來說，猶太教必定是一種信仰。我在他的辦公室裏關起門來面對面跟他解釋，猶太教也是或首先是一個命運共同體，一段共有的歷史，一個文字上的問題而不是對於這些文字的順從，甚至是一個我們

自以為是捎信者的訊息，但這些解釋都沒有用。徒勞無功。鮑威爾堅持讓《Le Figaro Magazine》就這個無窮盡的主題，在猶太教信徒與非信徒之間，安排一些辯論與圓桌會議。這場耶穌會教士與猶太教法典信奉者之間的神聖爭論，得到一個可怕的混沌結果，雜誌讀者和它的總編輯還是不清楚。最難的是：一邊安排這些會面，一邊假設我至少能找到二位能和平共處的猶太知識分子，這是不可能的。但我確定我不是杞人憂天，從那時候開始，在法國媒體裡，似乎找不到同樣的辯論精神及這種對所有事物的好奇心。

　　成為《Le Figaro Magazine》的領導人之一後，我把新凱特爾人的 la Nouvelle Droite 排除了，加入古典自由主義路線；透過這份出版給大眾看，卻被知識界仔細閱讀的雜誌，讓德如維內爾、波普爾、傅利曼、羅斯巴德與海耶克這些在法國還不太為人所知的當代真正自由主義思想者發聲。因為歐蘭德，我才得以成為雷根主義的律師：一個實質上的美國人，沒有其他想要把法國重新塑造成美國形象的野心。因為《Le Figaro Magazine》，我轉向右翼。要人家既可以是自由黨、法國人，又排除在分級之外，簡直就是一個矛盾形容法；更糟的是，還要人家可以是樂觀主義與自由主義者──與雷蒙・阿宏相悖，可以肯定的是那些不是純法國人。之後我為了替我們這個時代、我們國家的這個自由樂觀主義辯護而寫的著作：《Le Bonheur français》、《La Nouvelle Solution libérale》，對於我被人家貼標籤這件事根本沒有影響。在知識界裡，華特・班澤明（Walter Benjamin）也曾經寫過，「我們只有一次的權利」；假如成功了，群眾就會等著你無限地複製。

　　我不知道該怎麼回答的一個問題是，評論文章對於法國政治的影響。各式各樣的推薦從我的著作到實踐，如公共企業與地方公共服務的「私有化」〔在柴契爾夫人勸我引進「私有化」（privatization）這個詞之前（因為這個詞比較正面），人們用的是「去國家化」（dénationalisation）這個詞〕，以及為了終結通貨膨脹，而讓法國銀行獨立。我的一般最低收入（RMU）計畫正在進行中，用以取代有時會自由決定，有時又拐彎抹角的分散式社會救助，本計畫也受到左、右二派的討論：當然，這是朝向團結自由的國家的下一步。自由，是因為所有國民都感受到這個RMU，無論他們的身分是什麼，而且可以自由使用之：一個關於個人責任取代國家命令的賭注。

　　我會比較希望這些改革由享有更大的社會合法性的左派來實施；但密特朗的經濟失敗，造成巴拉杜（Édouard Balladur）與席哈克領導的右派在 1985 年我形容為自由主義的「思想綁架」中，控制了這個計畫。事實上，行動的過程對我來說，比參與更重要。而從此以後，沒有變成完全自由主義的左派，卻變得比它自認的還厲害：歐蘭德詆毀我所謂的通貨膨脹的「貨幣主義者」的分析，而他，堂堂的「總統」，卻一邊贊同，一邊遏制──一點──預算赤字。這些進展的發生顯然沒有我，它們就在時空中進展，其積極的效果，遍及各地：世界因而克服了 2008 年的危機。我只是這個世界運動，法國版的代言人。就像我所仰慕的德希達（Jacques Derrida）的解釋，我們以為寫了，但透過作家，「是時代在說話」。

　　法國以外，在我的書被翻譯的國家，從日本到拉丁美洲，從

韓國到土耳其、到俄羅斯，歷史又不一樣了。這是因為我不是美國人，而是法國人，因為我說自由主義的起源不是美國，而且遠非模仿美國，而是它的實施可以和最多樣性的文化結合，我同意。假如我是真正的美國人，那麼在法國以外，我將永遠不會有同樣的讀者。三十年來，我的著作在首爾、布宜諾斯艾利斯或新德里等地所受到的意想不到而熱情的歡迎，讓我瞭解到我在法國以外當法國人，比在法國當法國人更好。

但人們只有在轉折處才有權利。接下來幾年，我寫關於伊斯蘭、中國或印度：法國評論界總會問自由主義藏在哪裡。他們終於找到了，無論是什麼主題，用小孩子在複雜的風景畫中尋找隱身熊的方式。去找熊，然後你會找到，因為我是透過自由主義的眼鏡在觀察世界，非常忠於李維─史陀（Claude Lévi-Strauss）教我的方法：「要看世界」，他說，「就必須有一副眼鏡；沒有眼鏡，啥都看不到；但請讓我們牢記整支眼鏡都變形了。」我的眼鏡是法國自由主義，這個個人的樂觀看法，就像美好時代的法國哲學家所塑造的那樣，給整個社會組織的一個獎品，讓每個人都可以開心開懷，又不會被國家的監督或幼稚的意識形態給粉碎。歷史上，這個自由主義是左派的，只要大家對於一些字詞的意思看法一致。

自由主義不是一種註冊形式，而是服務某種野心的實驗方法。這種野心，這種信心，就是「世俗地活在社會中是有可能的」，雖然我們所有人都不一樣，也是因為我們都不一樣：和所有以「新人類」為基礎的意識形態相反的是，自由主義者並沒有想要改變人類。對我們來說，人性不是完善的，但社會是，只要

它具備一些能讓每個人盡其所能充分發展，同時又能取得最大的生活選擇可能性的機構，無論是公共生活或私人生活。因此自由主義者——沒有組黨，不僅在法國沒有，在美國也沒有，而是義勇軍的激進分子聯盟——是贊成自由選擇他們兩性的配偶，贊成消費非法物質，贊成遷移的，無論動機是什麼。少數政治人物曾經試圖讓自由主義在法國具體化，但都沒能成功，也許是因為他們只贊成經濟方面，顯得有點像是商人資產階級的代言人，如巴拉杜之流，也許是因為他們缺少某種人道主義的坦率，如馬德林（Alain Madelin）。只有巴赫有做就業分析，但對於群眾的使用顯得教育不足。經濟上，他們的對手總是試圖把它簡化，而自由主義者是當市場經濟能夠讓企業者去創新時則贊成市場經濟，但是當資本主義接受壟斷至上時，無論是公共或私人，他們就反對資本主義。因此，假如人們認為作為左派是社會之可完善性及其多樣性之可接受度的打賭，那麼定義如此明確的自由主義者就是左派的。當左派變成一種姿態，像階級的敵人一樣，拒絕所有不贊成當前的想法與權力的人時，自由主義者就不再是左派。總之，當左派保持在左翼，當進步主義不是空論，而且，最重要的，保持謙遜時，自由主義者就是左派。自由主義是實驗性的，它從來就不是對一切都有回應：不謙遜，自由主義者就不是自由主義的了。

當我在美國出版書籍與撰寫專欄時，我也是使用李維—史陀的這支眼鏡，這讓我在那裏能夠定位在民主的範疇內，而非共和黨的道學家。但有什麼用呢？對於正常的法國人來說，自由主義者是沒有靈魂的右派與經濟學家。無論他們做了什麼，說了什

麼，寫了什麼。舉個例，2015 年：敘利亞的難民湧向歐洲，歐洲的政府（梅克爾除外）提出各種莫名其妙的理由，不願接受他們。我在《世界日報》的一個專欄中呼籲，不要把他們送往地獄，就像我父親和納粹的時代，用同樣的論據來拒絕他們：「他們是不一樣的，他們將偷走我們的工作。」我的結論是敘利亞是我們這個時代的猶太人，而那些把他們趕走的人是無意識的納粹。這個呼籲鬧得沸沸揚揚，但在數千位也在社交網路中接力呼籲的讀者當中，有很多人因為我是這篇文章的署名者而感到遺憾，因為「甚至不是左派」。「多麼可惜啊」，一位網友在《世界日報》的網頁上寫道，真希望這個呼籲是由一位「左派的大良心」署名的！還有很多人猶如評論員，認為我最好去跟那些美國人講，那些對這批難民潮無動於衷，卻又是始作俑者的美國人；但這是我贊同的一個觀點，而且曾在《世界日報》的讀者不看的美國報紙裏發表過。

　　這就是（對法國來說太自由了）我在紐約變成真正美國人的三十年前，如何在巴黎變成一個潛在的美國人的經過。無論在美國或在最世界性且最具包容性的紐約，都已到了很多很多「國內的」美國人感到不舒服的境況了。某些歷史學者把這個城市的奇特性歸因於它在成為英國人之前的荷蘭血統──新阿姆斯特丹。荷蘭人把他們的國際商業與宗教包容的習性引進曼哈頓島。紐約從來就不是清教徒的，也永遠不會變成清教徒的：哲學、政治、經濟的自由主義，在這裏是遺傳的。在紐約，我是回到家裡，但在美國的其他地方，就不一定。

第九章

權力周圍

　　是不是一定要在只有二千個居民的皮安庫爾（Piencourt），已改成市民活動中心的舊市立小學的廁所安裝電暖器呢？我出席市政會議時，鎮長問我。看著我的同僚們，當輪到他們說話，他們都回答「要考慮考慮」時，我也贊同這個諾曼第的不明確態度了。我們不是在莫泊桑的小說裡，但氛圍是相同的：沒有熱情，小心翼翼，我們關心的是納稅人的錢。一共花了十年的時間，也就是我在這個會議的時間，才做出最終肯定的決定：行動民主政體的正面回憶。「自由人民的力量」，托克維爾寫道，「就在小鎮裡。」

　　太早了，這個地方選舉的功能，讓我覺得不僅有利於紓解我在面對國家及其代表時的焦慮，也有助於歸還我欠當初接納我的法國的一點東西。由於第五共和不是維琪政權，因此我應該不用怕國家什麼的。但推理並不能化解我在面對權力的掌握者——警察——時的輕微不適。站在窗口前面，總讓我覺得焦慮：我是想要逃走，還是沒來由地想要挑釁什麼都不會的官僚。心理分析家

也許會說，出清自己的記憶比出清父母的記憶容易。為了保持沒有太多感情的法國人身分，我要找到這個可以自己發揮一點政治影響力（但又不會太多）的中間身分，好在其他人的權力和我莫名的哀愁之間取得平衡。

　　ENA 的文憑，除了一點名聲以外，也方便找工作；一張文憑，以及在電視上露一下臉，都會讓人相信你的能力，無論是哪個學科。在民主政治重於能力主義的美國，這個賭注根本行不通。而在這裡，國家、聯邦政府與法官之間的權力是那麼破碎，以至於所有權力都有抗衡的反對力量。美國的公共權力，比較不集中，也比較不具威脅性，或似乎是這樣。有個好律師，則美國權力就會退讓。在法國，提供保護的不是權利，而是任務（mandat）：一個選舉的任務，無論多小，都能讓你穿上一件對抗行政濫用的隱形盔甲。在法國，國家公務員都很重視普選及其代表：我們的共和國是君主政體，但它是擁護共和政體的。

　　基於這個分析，再加上經驗累積，我決定從第一級，最小的，利雪市附近的皮安庫爾的市議員開始。我們在那裏買了一間茅舍。幾年過去，小孩長大了，這間茅舍也變成「一個家」了。我的岳父岳母希望埋葬在這個鎮的墓園裡，墓園位於一間沒有教士的老教堂腳下，教堂只有在少見的婚禮或喪禮時才會開門。我們讓我們的二個女兒在這裏受洗，其中一個女兒也在這裏結婚。但一個家？真正的家是繼承的，是遺傳的，而我們的家所反映的是一個來自他方，而且隨時可能會離開的家庭生活的某段時光。再者，這個字眼必須要有擁有感。雖然我跟我太太透過公證人合法買了一塊法國土地，但我從來都不相信它是我的。我們種了一

些當地品種、常見的橡木與山毛櫸，沒有種成長速度比它的主人快的觀賞樹木，我們看著它們生長，我卻從來沒想過這些是我的樹：在法國這塊土地上，我只是一個過渡的園丁。假如我們回想一下 1940 年貝爾（Emmanuel Berl）替貝當元帥草擬的成名公式：「土地，不會說謊」，無疑很多法國人都會在這個主張中發抖、回神。對我來說，這句話在那個時代沒有任何意義；在今天也沒有。要經過多少代才能讓擁有者自認是自己的地產的所有人？也許幾世代的祖先都要埋在那裏比較好，這樣土地和死者才算是愛國。但是我的祖先都在波蘭的土地上灰飛煙滅，其他的都埋在德國了。我的父母呢？他們的墳墓沒錯都在法國，但巴紐（Bagneux）的墓園對於那些過境的死者來說，比一個調車場更非永久的法國。

　　讓我們回到皮安庫爾。這是一段我由衷認同這個美麗的村莊，才以雷諾蒙（Guy Lenormand）這個筆名在當地報紙上寫專欄的時光。當時比較堅決的我，受到首府警察，甚至縣長、眾議員與參議員的致意；在鄉村的法國，市鎮議員是任命及打敗參議員的「偉大選民」。這些委任，所有委任的病態冒險，是從過去的偏執狂（paranoïa）轉向讓人以為全世界都愛你的更嚴重的病──narapoïa（雖然不被醫生認可）。我從皮安庫爾一級一級地往上爬，十年後爬到傅卡德（Jean-Pierre Fourcade）擔任市長的布洛涅比揚古，人口從一百人到十萬人。我很佩服常常被這個「國家的偉大辦事員」對於反對派的尊重，給搞得天翻地覆的真正議會的掌控；因為它，我瞭解了民主政治實際上如何運作，它以行為準則取代內戰的方法。也多虧它，我才發現前列腺在政治

生涯中的重要性：傅卡德有辦法主持五個小時的市政會議，一刻都不離開座位。相反地，反對派領袖則必須暫時離開二、三次，中斷辯論。我們那個時候的泌尿科醫生是最接近所有政治人物的顧問，取代舊時的占星家。為戴高樂將軍與密特朗開過刀的史戴格（Ady Steg），以及接替他的戴布雷（Bernard Debré）可為證明。然後，情況就這樣繼續下去……相反地，管理就不是傅卡德的強項；和所有的財務監察員一樣，他不大重視別人的錢。我將會寫一本描寫公共財政被一個世紀以來管理我們，卻從未成功平衡預算的財務監察員糟蹋的書。

在政權的階級上，我再爬上一階：1995 年，我加入席哈克陣營，因為我覺得他也是一位真正的共和主義者──這也讓他成為總統 ──因此，我再次在馬提尼翁府（Hôtel Matignon，譯註：法國總理的官邸），和蠻橫又保守的總理朱佩（Alain Marie Juppé）的顧問見面。有那麼多志願性的職務給我，這些職務的目的從來都不是要行使權力，而是被職務的氛圍保護著。這些我在寫書時還在進行且可能在出版後失去的任務，讓我相信〔我要這麼說（「怎樣的虛榮心，」我推心置腹對待他的席哈克笑著反駁）〕，我為法國恢復了某部份它帶給我的東西：被拯救的生命、好的學校、一位永遠的法國妻子，甚至最終在此落地生根，一個流浪的猶太人的旅途終點。假如這個計劃失敗了，讓這趟旅途一直延長到紐約，唯一的原因就是我的焦躁不安。法國人和我的漂泊一點關係也沒有。就像英國哲學家柏林（Isaiah Berlin）所寫的：「猶太人有太多的歷史，卻沒有足夠的地理。」

儘管如此，這些任務和職務的行使，依舊是地方巨大的滿

足、國家可觀的挫折的來源，也是更瞭解法國的首選方式。黑維爾沒想到我竟能在無止境的晚上出席市政會議，我跟他說實際參與民主政治，讓人更能公正地把它寫出來。為了總結經驗，四十多年圍繞在權力周圍的生涯，讓我相信在階級制度裡爬得越高，忠誠、能力、對於主題的掌握就越消失無蹤。層峰充斥著貪婪、對權力本身的迷戀，以及某種對市民的漠不關心。過份嗎？剛好而已。一個世俗的聖人，或更常的是這裏那裏變成市長或部長的基督教民主黨人，並沒有改變這個權力的天性：一如《世界日報》創辦人柏夫—梅理（Hubert Beuve-Méry）的名言：「權力越絕對，越讓人瘋狂。」瘋狂，指的就是在爬向愛麗舍宮（le palais de l'Élysée，譯註：法國總統官邸與辦公室）這座珠穆朗瑪峰時擔心被擠下馬的厚顏無恥、善於算計的人。

　　而在下面，在平原裡，一切相對都還好。法國社會還是公民的，管理得還不錯，即使因為它分散在效法舊制度之堂區的三萬六千個市鎮上，五十萬個市長與市顧問的忠誠度太少受到表揚所造成的差距。巴黎的專家官僚作風不喜歡這些市鎮（似乎太多了）及所有這些地方當選人，因他們是唯一能夠阻止中央專制主義者野心的制動器。法國人可不會搞錯：他們所尊敬的唯一當選人——經驗與民意測驗所確認的——是地方當選人。每六年的市政選舉，有上百萬的候選人，我很榮幸也曾是其中一員，此證明我們的國家還有很大的善良保留地。無論鄉下或城市的地方當選人，職務都一樣繁忙，是秉持無時無刻都在奉獻的精神，幾乎沒有酬勞，或市長與助理的津貼都極微薄。這些地方當選人不僅承諾，還很有能力：他們在他們的納稅人選民警醒的監督下，盡可

能就近並以最好的成本處理他們所知道的事。這五十萬的志願者是如何替換的呢？我猜和省長或副省長一樣，是透過其職業生涯中，從一個部跳到另一個部擔任不同的官員，這些職位是否就跟跳在一個必定會回到巴黎生涯裏的踏腳石一樣多？

　　只有在巴黎才算擁有真正的權力，這裏權力執行的地理分配已到鉅細靡遺的地步。猶如在路易十四的宮廷裡，從相對於太陽（不久前的國王，如今的總統）的距離，就能衡量你的影響力。權力比較取決於是否得以靠近王子，多於職能。1995 年，當我來到馬提尼翁府面見總理時，我才發現辦公室的分配有多果斷。我就任那天，我的地毯換了：我覺得舊的狀態還不錯呀，但管理員跟我說新的地毯能證明我職責的重要性。我得到把畫換掉的權利，用我在國家家具管理委員會（Mobilier national）的倉庫裡收集到的法國藝術家的當代作品，取代十八世紀的仿作畫。這個對於現代藝術的愛好讓我辦公室的同事感到不舒服，進一步確認我的荒謬。第二天，我就接到佩雷菲特的電話。和他所倚仗的托克維爾一樣，他也曾執行過一些偉大的職務──擔任戴高樂與龐畢度的部長時：一方面和出書事宜保持必要的距離，一方面檢舉他稱之為「法國病」的行政拖拉與既得利益。在說完祝賀詞之後（我們的關係是彬彬有禮的），佩雷菲特問我我的辦公室在哪裡。這個問題讓我猝不及防。「在瓦雷納（Varennes）街，」我說。「是喔，太好了，幾號？」「57 號」；我不知道總理的行政部門分布在同區的幾棟大樓裡。「57 號，太好了，」佩雷菲特說道，「幾樓？」「二樓。」問卷調查結束，他終於成功確定我在馬提尼翁府的辦公室；他一邊說我的辦公室離總理辦公室很

近，一邊把我的影響力定在零到十級中的八級。「太好了，」佩雷菲特最後表示，「您一定能為我們的朋友朱佩提供最大的幫助。」朱珮並不是他的朋友，而，至於我的影響力，二年的操練也沒能讓我衡量它的大小——也許在非常微小到非常非常微小之間吧。

在選民用他們的智慧把我送回我的寫作行業之前，這份權力地理也為我帶來數百個意想不到的訪問，部長、大使、公營企業主席、追尋榮耀的教育界人士，以及外國使節。我花了好幾個月的時間才領悟到地點的安排決定這些閣員的到訪，而且賦予我本來沒有的影響力，只因我所在的樓層。我發現，唯一真正的權力是在熱門的工作中任命數千位候選人，他們在私人領域都已經接受過能力測試。或者，在美國，這些人都會送交參議員進行嚴格的檢查。在法國，任命時會根據推薦，根據有利的謠言、黨派勾結，提名誰都行。令我驚訝（不只一次）的是，大使或國有企業的主席確實是從我的辦公室走出去的。偶然還是理所當然？對於這些任命，總理有時還是頗信任我，因為我的交友圈比他的多樣化，也比他的少政治性。此外，他還指望我去宣佈解雇某些國務秘書，看來他們永遠都不會原諒我吧。我替總理接待一些他無法忍受的大公務員，如圭諾（Henri Guaino）。經濟規劃處專員（Commissaire au Plan），蘇聯解體後最後一位掛這個職稱並且很嚴肅看待職務的這位官員，其實屬總理管轄，卻從未能碰到他。一位很出色的人權事務國務秘書，巴黎法國社會急救機構（Samu social）創辦人葉曼努耶利（Xavier Emmanuelli），也特別路過我的辦公室來通知我，他那高貴又有用的活動，因為他也從

未遇過總理。他在部長會議時遠遠地看到他，但因為坐在桌子的另一端，因此根本聽不到那些閣員們跟席哈克總統之間的低聲談話。坐在德維爾潘（Dominique de Villepin）旁邊的席哈克，什麼都要插手，尤其是次要的事情：長期困擾著他。德維爾潘，總統府秘書長，尤其讓我覺得不舒服，他未經討論就強迫我接受法國自黎胥留（Richelieu）以來就不斷衰落的論點。他的辦公室掛著樞機主教的肖像。

　　這段圍繞著權力的過渡時期，也透過書和專欄為我一直有疑問的公共事務評論者的職業，提供了解答：就像所有走這一行的人一樣，都要問問自己是否真的熟悉情況。我們用一種果斷的語氣，在媒體裡，為權力擁有者提供一些分析和建議，可這些權力擁有人說不定知道的還比我們多。當然，他們知道的就這些，他們沒有可以讓他們比認真的記者或觀察員更佔優勢的機密分析。關於這個不安，幾年後，時任外交部長的維德里內（Hubert Védrine）回答我：「對於我們的外交見多識廣的所有評論者，都和部長知道的一樣多；部長的唯一優勢就是比記者早五分鐘知道，可也不一定如此。」 在政府與記者之間，唯一的分別是動機與懲罰。當然還有權力的行使。

　　這裡，不是要紀念共和國歷史裏的某一刻，我只是發現這個位於權力高峰的國家運作有多失調，它那些偶然聘來的合作團隊，讓總統和屬於同政黨的總理之間的共同執政有多窒礙難行。只有少數人將這個領導權力本身氣味相投的團隊和聯合培訓結合起來，因為幾乎所有人都從 ENA（國家行政學院）出來，因為從來沒有人在國家之外行使過責任，因為所有人都不知道企業和

真正的經濟是什麼東西，因為從來沒有人面對過勞動法及法國失業的主要原因——社會保險費家庭補助金徵收聯合機構（URSSAF）的督察員。在權力的行使裡，金錢也許應該扮演某種角色，因為除了附加的利益，汽車、司機、公家宿舍、旅遊，我每個月還能看見總理的隨從在內閣首長辦公室前面排隊，一個月一次。每個人出來的時候，都將一個白色信封放進他的口袋，眼光看向地毯，免得誤踩下一位客人的地毯。每個人都等著回辦公室數他應得的鈔票。多少呢？我因為拒絕接受最低報酬，因此不知道。在馬提尼翁府，我過得很自由，而且阮囊羞澀；用我僅有的版稅，我應該撐不過二年。為了報答我的「無私」〔總理辦公室主任，朱佩的教父古鐸─蒙塔涅（Gourdault-Montagne）的用語〕，我被授予法國榮譽勳位勳章（Légion d'honneur）。我欣然接受，咸以為將來若發生大搜捕時，它可以保護我，對抗警察。因為沒有發生大搜捕的情況，因此我從來沒有戴過它，這讓古鐸─蒙塔涅不太高興。總理重新把勳章發給我，陪同的還有歌手薩爾瓦多（Henri Salvador）與喜劇演員皮亞特（Jean Piat），此是否意謂在權力的分配中，我取代了弄臣（Fou du Roi）的位子。這還蠻適合我的：共和國很缺弄臣。法蘭西的國王，比我們的總統更了不起，知道他們需要多少弄臣。

　　在這段非行使權力而是經常接觸權力的短暫經驗結束時，我花了一天在米爾頓‧傅利曼舊金山的宅邸裏向他述職，他問我從中得到什麼教訓。「米爾頓，」我跟他說，「你我都錯了：國家比我們書裏所畫的嚴峻圖表更糟。」我替法國說話，只能說無法和其他國家進行比較。但因為曾在英國、德國、瑞典、波蘭、西

班牙訪問過幾個歐洲領導人，我才覺得法國，其權力的地理分布（前面已經提過），以及它的結構，是奇特的。對於所有部長來說，重新回到舊制度的皇宮裡，而不是在像北歐或德國的當代辦公大樓或倫敦的大廈裏上班，必定會影響行為。地點的記憶、鍍金、外交禮儀，把最謙遜的使節也變成了親王。法蘭西國（État français）應該遷移。

　　法國的另一個怪異是周圍親信，這些管理國家的內閣，而部長是為代表。閣員只在公職裏招募，此導致他們把國家和社會搞混。他們自以為應該管理社會，而其實他們應該僅限於管理國家──這就是他們做的不好的地方，因為自從路易十四的統治以來，按規定的預算是很少見的。這些內閣裏對於經濟的無知是會讓人目瞪口呆的，它們的成員都是沒有專業經驗的。當我問薩柯奇（Nicolas Sarkozy）他的經濟顧問是哪些人時，他列舉了三位國家行政學院出身的金融督察員。歐蘭德讓這個災難性的習慣不斷延續下去。假如把國家遷移是對的，那麼撤銷 ENA 也是絕對必要的，因為這個庇護所讓公共管理像唯一志願一樣一代一代延續下去。從以往的經驗，我知道他們在那裏教壓榨納稅人的公共會計學，而不是經濟學。薩柯奇和他的繼承者都應該要招募一位莫諾里（René Monory）的焠火師傅，專業的汽車修理師，1978至 1981 年的偉大經濟部長，不用追溯到第四與第五共和都認識的最好的部長之一，聖夏蒙（Saint-Chamond）的皮革商皮內（Antoine Pinay）。政府菁英招募制式化的最終而嚴重的後果是：缺乏遠見。蔑視右派的整個政治哲學是一種精神病。我擔心，對左派也是，除非提高到莫雷（Mallet）與伊薩克（Isaac）

的歷史手冊中所描繪的伊皮納勒（Épinal）版畫的未來視野等級。這個學說上的失敗，說明了左派與右派都非常喜歡的「改革」這個詞的空洞。改革意味著給選民指出一個長期的終點，一個根深蒂固於某種思想的終點，這是沒有政府或反對黨願意去冒險做的事。只有國民陣線提出一個未來：解凍的法西斯主義。

為了順利完成我國家朝臣的功課，我將證明一個驚喜，以及我對於法國軍隊的仰慕。在高階軍官當中，我遇到了最有能力，而且對自己的任務準備得最周全的國家公僕。法國軍隊依舊是世界上最精良的部隊之一，就像它在它的對外作戰中不斷展現出來的，是已然在我們長久的歷史中生根的奇蹟。國家行政學院畢業生的勢力沒能把它毀了，但也沒能從這個軍隊用來適應一些戰略、適應一個變化的世界的靈巧中得到啟發。

為了使國家現代化，並且為了讓所有法國年輕人再回國家，我們應該重新建立徵兵制嗎？我是會贊成的。

在接近我的公職生涯結束的當下，有什麼結論呢？因為曾經試圖把我欠法國的還給法國，因此我一邊試，一邊加入現代化的意識形態鬥爭（沒有多大成就），也為達於顛峰的國家提供了服務（沒有太大的幸福）。我倒覺得地方的管理比較成功，讓布洛涅比揚古變成一個更好的城市。我在一位熱愛他的城市和居民，其市民既有能力又慷慨的當選人巴給（Pierre-Christophe Baguet）的幫助下，逃到這個市政府。我沒有在紐約與巴黎之間橫渡大西洋來來往往，而是橫渡海洋來到布洛涅（Boulogne）。一切都考慮好了，城市比國家更古老、更久遠；國家的邊界與身分隨著時間變化，而城市不變。感覺是某個城市的市民，不會比感覺是一

個國家的公民更有意義？

　　巧合還是命運，當我重回我在市政廳的辦公室時，紐約並沒有完全離開我。市政府的大廳裡，永久展示著今天在哈德遜灣就可以看到的自由女神的頭的原始模型。從這個石膏開始，以銅澆注成銅像；它的作者巴索蒂（Auguste Bartholdi）當時就住在布洛涅，還有把它製成雕像的工程師 Gaget 也是。因為這麼靈巧的一個系統──一些銅製的板子貼在愛菲爾（Eiffel）設計的金屬架構上──讓 Gaget 這個字變成美語字 “gadget”（小機械、小裝置）的詞源。這個「照亮全世界的自由女神」〔它的策劃人德拉布拉耶（Édouard de Laboulaye）也是這樣叫它〕，是法國人民為了紀念美國獨立一百週年而送給美國人民的禮物。這也是要以法蘭西學院（le Collège de France）的法學家兼教授德拉布拉耶的名義，在法國建立一個已在美國複製的共和立憲制。也是從美國人那裏得到啟發，為了替雕像提供資金，德拉布拉耶自 1865 年起開始籌畫共和黨晚宴，在宴會裏拍賣巴索蒂作品的縮小模型。德拉布拉耶活得不夠久，來不及看到這座自由女神像在 1886 年在紐約港豎立起來的盛況，以及十年後，紐約城不願付錢蓋和雕像一樣高的底座的情況。雨果（Victor Hugo）為了紀念歐洲的美國和美洲的美國同盟，而受邀在這個底座上面題的詩，「二個無限的力量──人類的博愛與上帝的力量──結合在一起，為所有人謀福利」（《combinant ensemble, pour en tirer le bien-être de tous, ces deux forces infinies, la fraternité des hommes et la puissance de Dieu⋯》），也早早就消失了，他晦澀的文字也消失在世人眼前，取而代之的是詩人拉薩路（Emma Lazarus）的詩選：「把

你那受窮、受累的人民，那擁擠在隊伍裡，渴望著自由呼吸的大眾給我吧（Donnez-moi vos pauvres, vos exténués, qui en rangs serrés aspirent à vivre libres）[1]…」

　　有一次，在市政廳裡，在這個模型前面，我主持的經濟與社會理事會的整個會議做出具體改善同胞生活的決議，只有地方管理同意這些禁止對國家失望的相同結果。我不知道我愛不愛法國，但和很多法國人一樣，我愛我的城市。在紐約的時候，讓我想念的是布洛涅，很少想到巴黎。你可以去一些所謂受歡迎的區域、一些舊城區、一些奧斯曼男爵（Haussmann）來不及剷平的沒有電梯的大樓看看。他的制式而完善的巴黎，為了方便砲擊而規劃的筆直大道，這個遊客因為不知其美麗假像背後的政治規劃而欽慕的巴黎，這個權力的巴黎，這個沉重的國家，真叫我煩亂。一個適合什麼都不要碰的國家的巴黎。城市凝固了，市郊被拒於建築的創新之外；最後的大膽創新——龐畢度中心，要追溯到四十年前。省長們的表現更具野心，從謝姆妥夫（Alexandre Chemetoff）對南特（Nantes）與南溪（Nancy）的改造，以及高哈茹（Michel Corajoud）對波爾多的改造，就可以得到證明。當代藝術佔領了世界上所有首都的街道，從而展示了多少文化，這就是改變的東西。維內（Bernar Venet）的巨大雕塑品裝飾著紐約與首爾的街頭，雷諾（Jean-Pierre Raynaud）的雕塑品則在魁北克。在巴黎，許多太過當代的法國藝術家，讓人感到不舒服。在這裡，文明像拉雪茲神父（Père-Lachaise）的陵墓一樣凍結了；

---

1. Emma Lazarus,《*The New Colossus*》, 1883.

讓城市和它所象徵的國家保持一樣的非歷史（anhistorique）似乎有其必要。我所遠離的就是那個巴黎，比做為國家的法國還遠，遠到比利時情境主義者戈丹（Noël Godin）稱之為「浮誇的笨蛋」（pompeux cornichons）的首都菁英們所能到達的最遠處。

第十章

浮誇的笨蛋

　　我在十七歲時，也就是高中畢業那年，從薩特魯維爾北上首都。就像哈斯提尼亞克（Rastignac），我也可以說「巴黎，屬於我們二個！」但當時我並不確定是否有看過巴爾札克。尼贊（Paul Nizan）的另一本小說《陰謀》（*La Conspiration*）給了我啟發，那是我向我的哲學教授兼詩人，也是歌劇《里昂的絲綢工人》（*Les Canuts*）的作者，激進馬克思主義者高士宏（Jacques Gaucheron）特意借來的書。小說的主角是一位在深入瞭解資產階級後，決意將它炸毀的堅定學生。在他的策略歷經巴黎政治學院（Sciences Po，譯著：巴黎的一所高等專業學院，是法國的菁英名校）的洗禮之後，變成一名資產者。我心中帶有一種高士宏曾經說過的狂熱，認同主角羅森達爾（Daniel Rosenthal）；因此必須經過巴黎政治學院。至於對那些讀過這本小說或可能會查看它的人來說，他們認為主角們所謀畫的陰謀並非發生在巴黎政治學院，而是在巴黎高等師範學院（École normale supérieure）。他們覺得在那個時候，因為不知道各「高等專業學院」（Grandes Écoles）之間

的區別，因為從來沒有聽說過師範學院（École normale），而且當時巴黎政治學院當紅，因此我把 Sciences Po 當成 École normale 了。一直到三十年後，重讀《陰謀》，我才發現我的嚴重錯誤，以及這個錯誤所導致的我命運的分岔。人們想像不到，在 1961 年，一個出身自其他地方的家庭的郊區高中生，對於整個法國社會有多不瞭解。高中並沒有提出任何就業方向：學生都是隨意選擇他的研究方向，不知道（我的情況）「大學」和「高等專業學院」之間的差別，不知道只有這些高等專業學院（過去和現在的人數都一樣少）才能通往頂尖的法國。法國是歐洲國家中，唯一「大學」不是通往層峰的道路，只有通過高等專業學院的窄門才能抵達層峰。

　　除了尼贊，我的選擇也受到高中同學馬丹（Claude Martin）的提點，他是普瓦希（Poissy）一位知名醫生的兒子，而他在法國社會中的生存其實比我還曲折。依照他的建議，我學了拉丁文，因為必須學拉丁文。為什麼？除了當成菁英的選擇與複製的工具以外，沒有任何用處。我在初等數學的高三結業班時才理解，不是因為我們具有這個學科的天分，而是（再一次）因為，這是在幹部的未來與底層的法國之間做選擇的選擇性競賽中，不可或缺的分歧。這個系統既虛偽又無法迴避：對於外行人來說，是沒有任何進入上層法國的希望的。「當我們長大時，」他對我說，「我們將在消遣娛樂過程中，成為公務員。」這讓我茫然不知所措，我從來沒有想過這個問題。馬丹又說，一個新的機構──國家行政學院，是我們進入國家最高殿堂的門票。得意洋洋的我向我父母宣布我要當公務員：他們聽到後驚愕不已。他們

夢想我走傑出德國猶太人該走的路，成為律師或醫師。

再來就是要找到 Sciences Po。根據馬丹，這位後來成為駐中國大使，之後是駐德國大使的尖兵的說法，學校位於聖紀堯姆（Saint-Guillaume）街。我什麼都不知道，甚至他們是教什麼的我也不知道。成功來到聖紀堯姆街的我，還以為我走錯了：正門上寫著 "Institut d'études politiques"（譯註：「巴黎政治學院」的舊稱）。那個時候還有接待人員鄭重其事地幫我們傳達——我們可是在權力的洞穴裏啊——他們其中一位讓我很安心。我來到了目的地；為了讓人忘記它貴族政治的過去及很多校友和維琪政權合作的事實，學校在 1945 年更改名稱。而 ENA 在哪裡？人家跟我說在聖父（Saints-Pères）街，就在「花園的另一邊」。我在這個學院（2000 年後重新改回它的舊名稱）的修業年間，有多少次聽到教授說我們之間最優秀的人「將穿過這座花園」。

不是人種學家的我，很快就發現在巴黎政治學院的學生當中，女學生很稀少。所有人都穿一種制服，不是強制而是建議：一件金色釦子的藍色休閒服，一件美式領（領角有釦子）的牛津布襯衫，一條條紋領帶，一件 Burberry 雨衣，以及，非常重要的，一把捲攏的黑色雨傘，我們把它當成手杖一樣拄著，優雅地行走；只有在下大雨的時候，才迫不得已打開來用。我承認拄著傘走路讓我的步伐有些不協調，因此我很快就放棄了。身為裁縫師的兒子，至少有一個好處：不一會兒功夫，我父親就做好這全副武裝，包括山寨版的 Burberry。一直到 1968 年 5 月，沒有打領帶就進不了 Sciences Po 的。我們在那裏總是穿著制服，但不久就被美國學生寬鬆舒適的衣服解構了、啟發了。我也很快就發

現學生分屬二個不相往來、不相說話的類別：一邊是大家族的孩子，另一邊是因為機遇或因為在高中時被認出來的天分才成功來到這裏的地位低微者。假如我今天讓他們回想一下，諾瓦耶（les Noailles）、博謝（Beaucé）、羅茲齊爾德（Rothschild）、香德納戈爾（Chandernagor）、夸謝（Croisset）、帕納費優（Panafieu）、拉夏希耶赫（Lacharrière）、史懷哲（Schweitzer）（我省略了或多或少正式的貴族稱號的前置詞），所有人都成功到達層峰，當他們得知同窗三年，他們竟從來沒有跟我說過話，因為他們看不到我；我們不是在同一個世界；我們沒有經常去同樣的聯誼舞會；我不知道「聯誼舞會」是什麼時，不知他們該有多吃驚。這些「浮誇的笨蛋」沒有在我身上引起忌妒或不滿；我以人種學家的好奇心，或普魯斯特般的敘述者，以像人在水族缸外凝視熱帶魚一樣觀察沙龍世界的好奇心來觀察他們。過去幾年，由於我有那麼一點名聲，且法國社會比以前民主，因此我跟他們的世界終於結合在一起，在共有時代的共同懷念上培養出來的友誼，歷久彌新。

　　教學也出現分隔：最上層是最受歡迎的副教授（maîtres de conférences），那些享有讓分派給他們的所有學生「穿過花園」的榮譽的人。當我嘗試報名這些副教授之一的課時，這些「坑」總是滿了。我被強迫分派到第二選擇的副教授（maîtres de conferences）。他們不是最糟的講師，但他們管不了前往 ENA 的韁繩，不會預先知道考試的主題。我雖然歸於第二群，卻有一個意想不到的好結果，我在這裏遇到一些不知道學校規則的外國學生。我和他們當中的一些人達成了一個有利的交易：我免費教

他們法語，他們教我他們的語言作為交換，讓我因此學會了日語、波斯語和義大利語。因為他們，我沒有浪費我在 Sciences Po 的時間，我會讀原版的《但丁》，我到東京也沒有問題，除了掌握這些語言之外，我還學會了「世界之用」（usage du monde[1]）。

學院唯一民主的地方就是布特蜜（Émile Boutmy）階梯教室，這裏除了教學以外，有著當時最好的大學教員：教經濟的巴赫、教歷史的黑蒙（René Rémond）、教公法的維戴勒（Georges Vedel）、教政治思想史的修瓦里耶（Jean-Jacques Chevallier）、教國際秩序的雷蒙·阿宏。這樣的師資讓我讚嘆：我不知道人們可以用法文以這樣的傑出來表達，以同樣的智慧談論我高中就以為認識的東西，我不知道人們還可以用其他方式談論。我不會忘了黑蒙有關法國大革命之恐懼作用的第一堂課，不會忘了他一面講課，一面穿過玻璃牆凝視花園，就像他所有的課一樣，從來沒有看著聽眾的樣子。當時不過四十歲，卻讓我們覺得很老，穿著排鈕西服，小口袋放著白色手絹的巴赫，一下就激起我的熱情，讓我發現經濟學，一門我以前不識其存在的學科。他的第一堂課放在定義稀有的「好經濟」概念，同樣令人難忘：沒有人想到，五十年後，氣氛會變成一種稀有的財富。他以柏格森（Bergson）的名言為這堂導言性的課做結論：「思考時以行動者的角度思考，行事時以思考者的角度行事，」我把它抄在我的筆記本裡，用紅筆圈起來，永遠不會忘記，雖然是一句很平凡的格言。但當時我才十七歲。下課時（沒有教授會少或多一分鐘），巴赫請想

---

1. Nicolas Bouvier 著 *L'Usage du monde,* Payot, 1963.

要討論的學生到走廊裏繼續討論：我們全都退卻了。雷蒙·阿宏呢？他越過我們青少年的頭，直接對唯一瞭解他在說什麼的理想聽眾講課。我第一次聽到海耶克是經由修瓦里耶，但彷彿他已經死了，我們的教授只參考他 1944 年以前出版的書。十二年後，1975 年，當海耶克獲得諾貝爾獎時，我著實震驚不已。這是我耀眼的青春嗎，但我怎麼覺得這個非比尋常的一代沒有後繼者；我不確定這個偉大大學教師的種族是否滅絕了。或許這類（科學與通識教育不相上下）教學已過時了：我確信再沒有人精通這所大學的精鍊的語言。

　　我說，理論教學課是表演，多過教學。此外，它沒有強迫上課，階梯教室常常都是空的，因此有些講師並沒有出講義。這個時候，只要唸唸複印講義，複習這些課的速記講義就夠了。相反的，必修課，也是決定學生命運的所在地，是方法討論會（Conférence de méthode）：這裏是房子心臟跳動的地方，也是暴露本性的地方。我們在此發現 Sciences Po 並不是養成的學校，而是菁英**繁殖**工廠（這種情況在 ENA 還更真實）。討論會（Conférence）是所謂的方法（méthode），強調技術本位比內容重要，二部份平等陳述，以免對任何事做出判斷。因此，只要掌握文化的表象，就有可能得到 Sciences Po 文憑，離開沒有文化的ENA。一段話說得好，就不一定要看過原作品。身為學生，之後是講師的我，被我的同學及之後的學生在沒有讀過盧梭的《社會契約論》（Le Contrat social）的情況下，還能說明該書的天分給嚇到了。之後，當我強迫他們看時，我很難讓他們瞭解，一個沒有風格的盧梭並沒有說服任何人相信他的思想的有效性。

Sciences Po 與 ENA 的副教授——我做了三十年的職務，經濟學講師——幾乎都是只認得國家的服務，活在真實社會之外的高級公務員。這些副教授全都相像地不得了，全都是男人，全都頭髮灰白，穿著灰色的衣服，板著臉，既不幽默，也不好奇。他們只看《世界日報》，而且全看，這是他們唯一的資訊來源；他們強力建議身為學生的我們也這樣做，當時，這得每天花一小時的時間。除了閱讀，我們還被要求把報紙歸檔，我會保留五年，然後再丟掉。這些副教授都是修道院神父，而我們是年輕修士：他們的角色是教我們像他們一樣思想，像他們一樣說話，要像他們。Sciences Po 與 ENA 以前是，現在也還是模仿學校，我們在這裏沒學到什麼大事情，除了接替他的前輩以外，條件是絕不懷疑他們對於負責引導法國社會的國家之善意的信賴。

我在描述舊時代，過去的一代嗎？喔，不！學生入學甄選小組（2015 年，九百位候選人取九十位）主席，本身也是學監及 ENA 畢業生的佛睿赫（Jean-Paul Faugère），在他的綜合報告中感嘆候選人的「因循守舊」，全都來自相同的領域，以及他們「對於今日公益行動的基本兩難、歐洲與預算赤字的無知」。這九十個人還是被招收了，接下來的三十年國家將由他們管理。必須好好思考一下，一種因循守舊的氛圍帶領他們去面對競爭、去贏得競爭。國家，始終如一。

幾乎全部學生，從那些想要「穿過花園」的學生開始，都無異議地從我的時代接受這個模仿練習，直到頭昏腦脹，而這還持續進行。二十歲時的耀眼炫目與創造性，在二年的研習加上數年的政府部門，失去所有光彩之後，我到底找回了多少我曾經觸及

的東西！我那個時候的 Science Po 與 ENA 特有的考試之一，筆試或口試，就是揣摩某個部長顧問的心思，提供他某個改革的建議，只要有分寸就可以；好像人已在那裡，做就對了：要成為 ENA 畢業身居要職的官員（énarque），就要像個 Énarque。我要懺悔，因為一心想要「穿過花園」，我也照著這個功課，在我身上也留著這個有關於方法與內容的諷刺。我同學中有些人未能成功隱瞞他們的獨特性：被甄選小組記住的他們，沒有通知就被除名，我那個時候遭到這個命運的人有哈桑（Jean-Pierre Rassam）與維克尼亞（Jean-Loup Vichniac）。幸虧這樣，他們一個人成為法國電影界的佼佼者，一個在公共電視開闢一片天。

　　幾年後，來到傅利曼與史蒂格勒（George Stigler）管理的加州史丹福大學胡佛學院經濟系進修時，我的直覺才得到確認：Sciences Po 與 ENA 的教學，尤其是經濟學，晚了一個科學世代。甚至巴赫的課也沒有考慮到研究人員（大部份是美國人和英國人）所累積的知識。之後，當我和巴赫結交，並參與他 1988 年注定失敗的總統競選時，他向我承認他完全不懂數學：分析經濟的算法與方法，對他來說都是天方夜譚。巴赫在此看到一個流行，問我覺得這個流行什麼時候會過去。它沒有過去，以後也不會過去，因為，除了在經濟還被定義為藝術的法國以外，經濟已變成一門完全的科學，因此數學是讓全球所有經濟學家之間能夠交流的通用語言。為了不要讓候選人打退堂鼓，確切地說，就是不談高程度的數學語言，所有正常結構的心靈都可以掌握。

　　因此他們教二年級學生的不是經濟科學，而是經濟政治，就像它一個世紀以來所實踐的，重視國家的中央角色，忽略企業

家、創新、貨幣、國際貿易的整個角色。就像大多數法國過去與現在的領導人——從季斯卡（Valéry Giscard d'Estaing）到歐蘭德——一樣，他們的部長和他們的顧問，部會首長與行政首長，都來自這個集團，除了 Sciences Po 與 ENA 給他們的咒語外，沒有任何經濟學的知識，因此當他們表現出不懂真正的經濟時，倒也無可厚非了。我們不能冀求創新，甚至不能冀求分析那些沒有收到用來反省的知識工具的人。還有一件事也值得關注，這些學校的經濟教學是，且一直都是，由官員授課，而不是真正的經濟學家或經濟研究員。在法國，常常身居預算或財政首長，國家的首席顧問，卻從來不和經濟學家來往或接觸經濟科學論文。大學教員難道不配教育政府菁英嗎？難道他們的精神裏藏有疑惑？這個政府菁英對大學界的無知或可解釋政府菁英對它的不重視，口頭上除外。

輪到我變成這些講師的一員時，這就會讓我在巴黎政治學院的教學變得困難，甚至精神分裂。我在 1970 年受聘，當時我已經不是官員，而是在企業——陽獅集團——工作。當時的校長，夏伯薩勒（Jacques Chapsal）指望我把私人領域的大器，連同盎格魯薩克遜科學的幾個最新突破引進學校。然而，我也必須幫助學生得到他們的文憑，甚至「穿過花園」。此外，從一張我每年更新的統計表開始，我發現，過去幾年，打算將來到 ENA 任職的人的比例有規律地減少，而希望從事國際事業的比例卻逐年增加：法國世界化了，我的學生可資證明。

因為我對於國家經濟的讓步是有限度的，因此自 1970 年開始，我就不再教「蘇維埃經濟」，雖然有考慮到這個經濟學並不

真的存在，但這門課也確實被列入巴黎政治學院的正式課表裡。
在國家主義把價格上漲歸因於商人而不是過度的公共開支時，我
在教傅利曼的貨幣理論。如今大家都知道造成通貨膨脹的是國家
而非商人，一個一直到 1980 年代都還是無法碰觸的疑問，因為
管理國家的巴黎政治學院的教師本質上都是不會犯錯的；再者，
貨幣理論被認為是美國的。長達三十年的時間，我在克里翁
（Créon）與安提戈涅（Antigone）角色之間左右為難（譯註：希
臘悲劇《伊底帕斯王》中的角色，本劇主角伊底帕斯為底比斯國
王之子，被科林斯國王領養。為逃避他將弒父娶母的可怕神諭而
離國，卻在不知情的情況下毆死其生父底比斯國王，後又因替人
們剷除怪物斯芬克斯，被擁戴成為底比斯新任國王，娶了其生母
伊俄卡斯忒。克里翁為伊俄卡斯忒的兄弟，後繼承伊底帕斯為底
比斯國王；安提戈涅為伊底帕斯與親生母親所生之女），我必須
提供國家的謊言，好讓學生得到他們的文憑，同時在他們的思想
當中逐漸灌輸些許批判精神。我真應該在公共權力的理想化與現
實之間，做出選擇：我一直都沒有做到，直到陷入某種抑鬱之中，
有好幾個月的時間無法勝任我的教學工作。之後，我被一位彬彬
有禮、沒有靈魂的國家公僕拉瑪素赫（Alain Lamassoure）取代，
他後來還成為部長。在我的極大安慰之中，最終決定是由學校的
新校長接我的位子，一位高級官員戴國安（Richard Descoings），
瘋狂愛上權力、性與金錢的浮誇笨蛋，和史托斯─卡恩
（Dominique Strauss-Kahn）差不多。戴國安選擇了克里翁的陣營，
在本義和轉義上都在這裏發了財，是所有政權的臣子。2010 年，
他在紐約因（可能的）吸毒過量致死之後，在他的喪禮上，整個

國家都參與了這位自由信仰者在聖敘爾畢斯（Saint-Sulpice）教堂的喪禮彌撒，使得他為了生活排場而使用政治科學基金會資源的這件事，及他和很多學生太過親密的關係，都變得眾所週知。在我們的共和君主政體裡，無神論者如同收買主教轄區與情婦的舊制度高級神職人員一樣參加彌撒。成為「戴安國事件」的——學生的《Richie》[2]——是高層人士的非道德行為的權利揭發者，是低層人士的道德課。在一些為了他的喪禮而留下來的訓令當中，他難道沒有承認：「不是用於癌症的錢，一切都是為了花兒（Pas d'argent pour le cancer, tout pour les fleurs）。」在美國，戴安國因性騷擾、挪用公款與販毒被提起公訴，且被監禁；在法國，他被美化了。在共和君主政體中，他是高尚的，且只有這件事算數。

---

2. Raphaëlle Bacqué 著 *Richie*, Grasset, 2015.

第十一章

我綁架高層

　　法國的高低之間的劃分，一如 2002 年哈發漢（Jean-Pierre Raffarin）擔任總理所說的，雖不嚴格，但不是沒什麼用。它大部份，不是全部，是高等專業學院（Grandes Écoles）所帶來的變形的結果，這類學校教的是權力本身的行使，而不是認識真實世界。1967 年，當我還是 ENA 的見習生，被提名到新喀里多尼亞執行沒有用的首長職務時，曾有過這個體驗。在我出發之前，給我的唯一指示是在向代表國家的高級專員（目前是簡單的行政長官）打招呼時，要大聲說「尊敬的長官閣下！」我對於新喀里多尼亞一無所知，除了海外領地部主任德孟特伯薩（Henri de Montpezat）跟我說的：「擠滿了一群傻子的一塊地。」在他的話中提到的傻子，比較不是他不知道的美拉尼亞人（Canaque），而是新喀里多尼亞的白人（Caldoche），其精神狀態會讓人聯想到阿爾及利亞的黑腳的白人移民。（黑腳是指生活在法屬阿爾及利亞的法國或歐洲公民。）這個新喀里多尼亞的簡短描述，總結了首都政府部門的精神狀態。

　　到了努美亞（Nouméa）以後，我一直老老實實照指示做，直到那位不太要求的高級專員讓我跟他說聲簡單的「您好」就好。但是有一次坐車出去執行懸掛三色旗的任務時，我坐在不該坐的位子時，他也相當嚴厲地指責我。「沒有人教您坐車禮儀嗎？」他質問我。我那時不知道我必須坐在司機後面的位子，其它位子都不能坐。從這天開始，我就精通坐車禮儀，不再亂坐。最慘的是我發現在新喀里多尼亞的法蘭西國（État français）駐外使節的表現，就和他們以前在黑色非洲與印度支那的行為一樣──所有公務員都來自這些地方──繼續尸位素餐。在這些「帝國的紙屑（confettis de l'Empire）[1]」中，法國的駐外使節對待原住民好像在對待文明進程最緩慢的遲緩兒一樣。「美拉尼亞人是大小孩，」小心翼翼避免跟他們任何一人有往來的高級官員不斷重複。參加部落典禮、美拉尼西亞大、小酋長的婚禮、喪禮等等任務，都落到當時還是 ENA 見習生的我身上；這讓我燃起對人類學與「早期」文明的興趣。在我的見習報告（評分非常低）裡，我從中得到一個結論，美拉尼亞人將會造反，這無需多大的見識，並且幾年後就發生了。

　　高級專員與殖民地公務員這幫人的短視很容易說明：政府菁英的養成將整個批判精神排除在外，**現實之於他們是看不到的**。這些高級官員，因為被這樣有條件限制住，因此深信法國的文明任務，確信殖民對於優先被法蘭西國而不是被不列顛人，亦即剝削國家管理的非洲人、阿拉伯人與亞洲人來說是一種賜福。我親

---

1. Jean-Claude Guillebaud 著 *Les Confettis de l'Empire,* Le Seuil, 1976.

眼目睹的這個騙局不只過去有。我們的教育讓這個神話綿延不斷：大多數的法國人一直不願承認我們的靈魂在塞內加爾、在馬達加斯加，更不要說在阿爾及利亞所進行的屠殺。在所有持續存在的歷史錯誤當中，殖民的錯誤歷史是最頑強的歷史之一。也許是因為對於這個主題的自我批評，會引導我們浮誇的菁英們去思考（至少在肉體暴力上），他們有沒有像對待殖民地一樣對待宗主國法國。

　　上層的法國，給我們上道德課的「浮誇的笨蛋」的貴族階層，希望被視為是共和主義者、非宗教者、平均主義者，許願為捍衛人權做出貢獻。「低層」的法國人有感受到這個虛假的用法，但很少有人給他們資料：上層與低層之間的交流是很少的，人們無法隨意地從一方到另一方。可讓少數低層法國人登上我們的共和君主政權高峰的高等專業學院（Grandes Écoles），國家行政學院、巴黎綜合理工學院（Polytechnique）、巴黎高等師範學院的道路，至今都還是羊腸小徑：國家行政學院每年接受一百位學生，同等聲譽的美國哈佛大學，一萬二千位。更糟的是：羊腸小徑越來越窄了，如今，國家行政學院畢業身居要職的官員幾乎全部來自高級官員或大學教師的家族。一條新的但自 1980 年代以來也一樣越來越窄的路徑，就是對德拉伊（Patrick Drahi，譯註：電視頻道 i24news 的所有人）或達皮（Bernard Tapie，譯註：馬賽足球俱樂部主席）來說是既得的或好或壞的財富：法國美國化了，同時賦予金錢一個等同於文憑的地位。

　　在我們的共和君主政體裡，菁英的循環還是有限，而，就像皮克提（Thomas Piketty）在《二十一世紀資本論》（*Le Capital au*

xxie siècle）中所說的，資本比較常透過遺產來移轉，包括給高等
專業學院畢業生的社會資本，大多數是給畢業生的兒子或女兒，
不是透過企業精神獲得。來自下層法國的我，卻在學校還允許社
會混合的時候經由 ENA，才得以加入上層法國：我並沒有決心
要這樣，也知道自己還在社會流動的進行當中，因為在最後一
刻，我的批判癖好還是佔了上風。「有天份，但魯莽的學生，」
這是我在聖日耳曼昂萊高中的老師對我的評語；這個對於因循守
舊的不適應，讓我無法變成完完全全的法國人。

　　從無法成為法國人這件事，再回過頭來看路易十六時期，一
個毀了自己的臣民的自大狂，不相信拿破崙是個偉人，並且把他
看成是偉大的罪犯；是思考法國大革命是一個我們都沒有從中解
脫的災難；是思考法國和德國對於造成 1914 年第一次世界大戰
爆發的責任一樣重；是懷疑戴高樂白白地延長阿爾及利亞戰爭；
是在《馬賽曲》當中聽到鼓動犯罪及希望被歐洲洲歌取代；是思
考法國對非洲與越南的殖民常常差點造成種族滅絕；是提醒
1944 年八月在巴黎市政廳為戴高樂歡呼的群眾和四個月前在同
一個地點為貝當元帥歡呼的那群人是一樣的；是不必要在法國國
家足球隊一步一步統一時感到興奮；是不再在香榭里舍大道認出
「世界最美的大道」，而是在那裏看到一家被建築師威爾莫特
（Jean-Michel Wilmotte）易容的超級市場 Haussmann du
réverbère。這份清單，每個人都可以補充，就像培瑞克（Georges
Perec）在他的書《我記得》（*Je me souviens*）中所作的，留幾頁空
白讓讀者自由使用。為了證明我不想分享這些鬼話，我至少可以
舉出一位歷史學家或法文抨擊文章的作者；但我找不到任何一個

全盤否認所有詭計，讓法國成為一個由上而下的想像共同體的人。這裏還剩一本書要寫。

在高層法國與低層法國之間的差別裏，我們的知識分子位於哪裏呢？我們以為它和低層連結一氣，但假如我們看看它長久以來的歷史，就會發現那只是表象。從認為宗教對於低層法國已經夠好了的高層自由思想家伏爾泰（Voltaire），到對於史達林的罪行瞭若指掌的沙特（Sartre），都為了不讓位於比揚古旁邊的低層法國失望而拒絕揭露之。沙特和伏爾泰一樣，認為有二種道德存在，他的是非道德的，是性和金錢氾濫的（他身上總是帶著一百萬法郎，用來買女孩或記者），以及適用於無產者與白癡的道德。沙特向他的門生伯尼耶（Michel-Antoine Burnier）坦白（伯尼耶跟我透露這件事），在聖日耳曼德佩區（Saint-Germain-des-Prés）令人讚嘆的中國花緞上，這一百萬給他有種幾乎是性的統治者的感覺。他可以向任何一個人展示：他在高層。這個沙特——我說的是壞蛋，不是作家——對於許多法國知識分子來說仍然是一個典範，不是因為他沒人看的哲學作品，而是因為他為購買記者與「黑奴」，而替幾個禮拜就幫你草率完成一本書的窮巴黎高等師範學院學生的權利辯護：老師只剩下簽名與「推銷」書籍。法國以外，這個惡劣的人還被視為全世界都羨慕我們的大思想家的典範；常有人問我是否有人繼承了他先鋒的角色。幸好，沒有人。壞蛋沒有會欺騙世界及誤判未來（史達林主義然後是毛澤東主義！）的繼承人。

有人罵我是一個沒有理性的哲學美國主義者，但類似的欺騙在美國是難以想像的。這裏對著作獎與作者權利的尊重是非常嚴

格的。幸好這裏「大知識分子」的概念是未知的；在他們的學科裏，有一些專家、一些大學教員，這不會給他們任何表達一切的合法性。我們非常直接地確認沒有美國知識分子，而所有法國的窮文人卻嚮往變成那樣。這是眾所周知的，但法國比較奇怪的是很少對此感到不滿。杜航是少有的例外，在 2015 年出版的《*Usage de faux*》書中，一個控告「知識分子」──古爾德──詐欺的罪名是負面英雄。媒體界對於本書出版的反應說明了知識界屬於高層法國的事實：而書中的一切就算不是真實的也可能是真的──古爾德存在嗎？──文學與批判的法國對於曾任 Fayard 集團三年主席的大發行人杜航敢於揭發這個家族秘密，感到很氣憤：上層、下層之間的分隔難道不該為了保留自尊而保存？

我覺得，這些浮誇的笨蛋與人民之間，這個貴族區別的最大膽代理人依然是無法取代，而且也沒被取代的肇事者──哈里耶（Jean-Edern Hallier）。他不是他所聲稱的「大」作家，但憑著他比杜航早二十年的大膽，他揭發了其他人剽竊的事實，因為他比他們更有修養。他在二種道德之間，大玩差別藝術。某些人想起他寫過的一本書，《*L'Honneur perdu de François Mitterrand*》[2]，書中揭露總統的兩面生活，他女兒瑪薩琳（Mazarine）的存在，以及他身在共和國王宮裏的母親。哈里耶不出書；他把他封存在櫃子裏的手稿都賣給了總統。密特朗分期讓他愛麗舍宮的低階管理人德葛羅素佛（François de Grossouvre）拿一百萬法郎的現金給

---

2. Jean-Edern Hallier 著 *L'Honneur perdu de François Mitterrand,* Éditions du Rocher, 1996.

他，以換取他的沉默。這筆錢，哈里耶都花在請他朋友去利普餐廳（Brasserie Lipp）吃飯，及撒在他公子哥兒大衣上的古柯鹼上了。渾身伏特加酒與古柯鹼粉末的他，高聲叫喊著說這些全都是密特朗的一百萬贊助的。上層法國，以及我們估計知道瑪薩琳秘密的三千人，都知道這件事；而低層法國，什麼都不知道。非強迫改變行為，而是最好掩飾行為的網路並不存在。網路之前，菁英們被迫做假：為了確保哈里耶遵守約定，和上層法國分享那一百萬，但不要公布任何東西供低層法國使用，愛麗舍宮的電話竊聽部門錄下了作家的所有朋友與熟人的對話。

列在這個名單上（名單最終在密特朗死後，被放在《*Les Oreilles du Président*》[3]一書中出版了）變成一個驕傲的動機：被竊聽，表示你位於上層法國，以至於一些沒有被竊聽的人也聲稱他們被竊聽了。如今難以想像？假如這個被分成兩半的道德消失了，那麼就很適合把這些告訴密特朗的繼任者。

在這個雙重道德中，最令人驚訝的不是它一直存在，而是上層法國行為得像克里翁，而表現得像安提戈涅：笨蛋是浮誇的，在家裏非道德行為和道德課的傳遞共同存在。談到上層的性時，引不起我的興趣，卻禁止我在一些最麻煩的情況中覺得自己是絕對的法國人：我要指控我們想要體現人權的意圖。我要談談二個我奉獻大半研究與出版的例子：阿拉伯世界與中國，這可不是啥都不是。

---

3. Jean-Marie Pontaut 與 Jérôme Dupuis 合著 *Les Oreilles du Président*, Fayard, 1996.

第十二章

瑪麗安娜騙了我

　　法國，人權之地？「鬼扯，」格諾（Raymond Queneau）[1] 在一個「放肆是優點」的時代寫的書，書中的扎吉（Zazie）如是說。當法國不像法國時，我很難過。就如同我對於高層法國與低層法國之間的道德不一致也頗不能適應，我對於成為一個高舉人權大旗，其人權卻不得用於「不值得擁有人權」的人民的國家，如阿拉伯國家的公民，也頗不能適應。

　　2005 年 9 月 7 日，穆巴拉克（Hosni Moubarak）當政時期，我在埃及協助總統大選，我發現除了被迫投票的軍人以外，投票所是空的。穆巴拉克囊括 99% 的選票與 99% 投票率，再次當選：真是一場騙人的把戲。席哈克總統發了一封電報恭喜他，就像之前的密特朗所做的一樣。求見席哈克，還是頗讓我不知所措，一來因為我尊敬他，二來他很喜歡和作家一起享用早餐（他一個人就可以嗑六個牛角麵包）。看我生氣，他反駁說穆巴拉克是「近

---

1. Raymond Queneau 著 *Zazie dans le métro*, Gallimard, 1959.

東的偉大政治家，」「因為他，阿拉伯世界才得以穩定、和平，」
以及最終「專制政治是最適合阿拉伯文化的政治組織形式」。法
國支持世界各地的人權，唯獨阿拉伯世界除外？席哈克向我解
釋：因為法國更支持「文化的多樣性」。這個對於如此醉心於暴
政的阿拉伯文化的**尊重**，會阻止我們支持民主嗎？關於這個主
題，我於是寫了一本書獻給在巴黎培養的埃及政治家麗法·達哈
達威（Rifaa al-Tahtawi）[2]，此人在十九世紀中葉，曾經在他的國
家引進一些靈感來自法國的民間機構、學校、法院與報紙。總統
關心我是否會寫其他幾個他喜歡的阿拉伯國家：「您不會批評摩
洛哥國王吧？」我承認我會寫為何國王的暴政只會讓他的家族致
富，並且造成伊斯蘭的遊戲激進化，在摩洛哥也一樣。「但穆罕
默德六世是我的教子！」席哈克抗議。

　　從這個小故事來看，法國總統沒有一個支持阿拉伯民主的。
因為人們懷疑他們是伊斯蘭運動擁護者？**法蘭西共和國一向比較
喜歡世俗的獨裁者甚於信教的民主主義者**。除了法國喜歡阿拉伯
獨裁的「文化」偏愛以外，再加上我們的領導人對於美國的不信
任。美國的「新保守派分子」認為，要同時消滅獨裁與伊斯蘭法
西斯，是可以支持民主運動的，他們是穆斯林，法國的外交卻採
取相反的策略。好吧，我覺得西方和法國的持續支持，對於很多
人來說，似乎間接促成了這個我們現在都應該與之共存的極端伊
斯蘭的產生：我們創造了一個魔鬼，這個魔鬼反過來對抗他的創

---

2. 索爾孟（Guy Sorman）著《伊斯蘭製造》（*Les Enfants de Rifaa : musulmans et
　　modernes*），允晨文化，2007。

造者，也就是我們。

記得在賓拉登對紐約與華盛頓的襲擊之後，驚愕的世界便開始尋找一個對這個不合理攻擊的合理解釋，而在可能的範圍內，這個不合理的攻擊將讓西方擺脫整個罪行。歐洲人和美國人試圖讀懂《可蘭經》的譯文，認為假如賓拉登倚仗伊斯蘭，那麼《可蘭經》應該可以解釋他的行為。可惜，《可蘭經》非常複雜、隱晦、矛盾，可做出上千種註釋：在這裏找到在那裏尋找的東西（on y trouve ce que l'on y cherche）。每位穆斯林都有權利詮釋，伊斯蘭允許穆斯林和神之間有一個個人關係，無須教士的中間解釋，除了少數什葉派以外：「伊斯蘭是穆斯林做出來的，」伊斯蘭學家阿爾昆（Mohammed Arkoun[3]）解釋，「它本身並不存在。」穆斯林世界不像天主教教會，有神父和神職人員；它可以比做福音教會的星座，一些社群就會自發地圍著一些自稱是牧師的人周圍建構起來。因此，西方世界發給穆斯林，希望他們「改革」的呼喚就變得很荒謬，因為他們看不到誰要改革什麼。為伊斯蘭召開的第二次梵諦岡大公會議，決定從中拔出一些刺，好讓西方世界睡得安穩，但這是不可能的。和伊斯蘭簽訂一項政教協定，這是法國政客建議的，也沒什麼意義。在《可蘭經》中找出極端伊斯蘭教的來源，也顯得很荒謬，因為這個運動政治性多於宗教性，每個氏族與部落的領袖都為了自己的利益，試著重建哈里發〔1925 年被凱末爾（Mustafa Kemal）廢除〕。新極端伊斯蘭教也比穆斯林更阿拉伯；它根基於最近的歷史，也就是二十世

---

3. Mohammed Arkoun 著 *Lectures du Coran*, Albin Michel, 2016.

紀時被殖民的阿拉伯的歷史。在阿拉伯世界以外，20% 的穆斯林，極端伊斯蘭教是微不足道的。從它的千禧年演說可知，極端伊斯蘭教是來自我們這個時代，是某種阿拉伯法西斯，是歐洲法西斯的當代化。1920 年代成立於埃及的第一個形式結構化的極端伊斯蘭教──穆斯林兄弟會，以義大利國家法西斯黨為榜樣。兄弟會的章程是仿效法西斯黨的：我們在此找到領袖崇拜，以及和過去法西斯主義一樣的狂熱。義大利法西斯黨希望重現古羅馬的盛況，同時採用了它的一些符號；極端伊斯蘭主義意圖恢復先知的黃金時代。

　　為了釐清我們在極端伊斯蘭的建立中應負的責任，這段話是必要的：它誕生於阿拉伯世界在鄂圖曼帝國被法國、英國、義大利、美國人瓜分之後的殖民化。他們在對部落、種族、宗教團體都漠不關心的邊界上建立的新國家，只能接受代表他們的殖民者或獨裁者的裁軍，然後接替他們。民主與市場經濟或許容許這麼多樣性的民族之間有一種文明共存，但受西方與蘇維埃支持的阿拉伯獨裁者寧可抄近路：粉碎公民社會；企業國有化；強迫崇拜暴君、總統或帝王。極端伊斯蘭就在這個公民社會的沉悶氣氛中突然出現。是誰造成這個阿拉伯法西斯溫床？ 1991 年，在短暫的自由空間裡，當阿爾及利亞政府同意地方選舉，在當時還不暴力的伊斯蘭政黨似乎可以贏得這些選舉時，阿爾及利亞的獨裁者卻在密特朗的支持下撤銷這些選舉：法國政府永遠站在獨裁者這邊。接下來是十年原可避免的內戰，如果伊斯蘭主義者有權利管理市政廳的話，內戰是可避免的。

　　一直到「阿拉伯之春」爆發。由於自我批評並非政治人物的

強項，因此當他們當中有人談到這次「阿拉伯之春」時，能夠承認「也許法國一直不停地在犯出賣自己理想的錯」時，還是蠻值得紀念的。

2011 年 4 月 16 日，外交部長朱佩在巴黎阿拉伯文化中心（Institut du monde arabe）召集駐這些國家的大使開會，並且在一整天的時間裡，讓他們和民間社會的代表及代表所有阿拉伯國家的民主主義人士對質。所有人都大吐苦水，表達他們原想對人權提供隨便哪個支助，卻成了被法國出賣的虛妄期待。朱佩表示（這在我國外交史上可說是前所未見），我們國家從來就只支持一些獨裁者，這實在錯得離譜。自此，這個「阿拉伯之春」便走向一團混亂，而不是期待中的民主，除了突尼斯以外；而我們要在頃刻間修復一個多世紀的內在與外在的殖民化嗎？或許這個「阿拉伯之春」只是某個我們都不知道結果的革命的第一步。

自 2011 年 4 月的這個特殊的示威活動以來，政府與外交官們就放棄朱珮的自我批評了；他們恢復了和接替舊獨裁者的新獨裁者們的特許關係——變輕鬆了的關係，就好像什麼都沒有發生過。這個健忘症並不意味著法國的代表有理由堅持言行不一；更有可能的是人們堅持錯誤。

阿拉伯人民的背叛與中國人民的放棄：根據法國的外交，中國人不比阿拉伯人更值得行使自己的公民權利。難道他們不跟我們一樣是人，他們的血液不跟我們一樣是紅色的嗎？在所有的西方政府當中，法國政府對於中國共產黨顯然是最卑躬屈膝的。當德國人或美國人一方面和中國做生意，一方面揭露其對人權的無恥侵犯及西藏與維吾爾族的文化滅絕時，法國的公、私代表卻對

新皇帝卑躬屈膝，甚且超出這些新皇帝的期待。2015 年，當《新觀察家週刊》的特派員歌提耶（Ursula Gauthier）因為報導中國政府對西藏與維吾爾族的殘暴行為而被驅逐出境時，法國政府不但沒有提出異議，更進行《世界日報》所謂的「擦鞋墊外交」（diplomatie du paillasson）。怎麼知道德國企業在中國比法國企業活躍，而德國總理卻又不停揭發中國獨裁者的殘暴呢？這是因為他們在區分他們的經濟利益與西方的民主話術時夠厚顏無恥，事實上，他們並不太重視這些話術。雖然曾經在中國住過，在那裏教了一點書，寫了一些關於那裏的專欄，還出了一本書，但我從來沒有以身為在中國的法國人為榮。我努力地常去會晤那些被稱為異議分子的人（他們才真正是民主主義者）、參加他們的辯論，並且回法國宣傳他們的要求。我常去監獄裏見劉曉波，他因為在網路上貼文，呼籲和共產黨就過渡到民主的議題進行協商，而被判刑十一年，同年，在服刑期間獲得諾貝爾和平獎。他的行為被魁儡法院評為「危及國家安全」。我和胡佳結為好友，他因為揭發死亡集中營中的流放、沒有醫療、河南的愛滋病患者，而被判刑三年；愛滋被假定是不存在中國的。我把詩人、畫家兼攝影師劉霞當成好友，她是那麼脆弱、那麼有才華，離整個政治鬥爭那麼遠。但因為她是劉曉波的妻子，因此自 2010 年開始被軟禁。中國領導人擔心的是她到奧斯陸代替她丈夫領取諾貝爾獎，就像 1985 年的邦納（Elena Bonner）代替她被流放到高爾基的丈夫薩哈羅夫（Andrei Sakharov）領取一樣。劉霞被軟禁在北京，與外界隔絕，沒有電話，沒有網際網路，跟她身陷囹圄的丈夫也沒有聯繫。根據我所得到的少許訊息，她似乎因為憂鬱症而被

「照顧」，服用一種安定的藥，手法就像蘇聯對待異議分子一樣。任何法國當局，或甚至女性雜誌，如《Elle》，竟然從來沒有一個表態擁護劉霞，從來沒有幫她寫過一句話。

劉霞把她的攝影作品託付給我，總共二十八張黑白抽象照片，拒絕中國人民之監禁的主題。我把它們從中國安全護送回國，以一種悲慘的動力，在世界各地展覽，在美國、日本、德國、義大利、波蘭、西班牙、捷克共和國、斯洛伐克、香港、台北、墨西哥。法國呢？我只遭到一些害怕得罪「大中國」的市長與博物館長的拒絕。在這些拒絕當中，巴黎市長〔當時市長為德拉諾耶（Bertrand Delanoë）〕的拒絕是最明顯的法國媚華現象（sinolâtrie）。他表達他對於劉霞信念的關心：女人、女囚、藝術家，她擁有滿足這個左派中心人物的所有條件。關於細節，德拉諾耶讓我去找他的文化副市長吉哈（Christophe Girard）。他也表達了他非常理論性的贊同，接著就閃人了，讓他的合作者什麼都辦不了。此外，這位受 LVMH（譯註：酩悅‧軒尼詩—路易‧威登集團，是法國一家跨國精品綜合企業，總部位於巴黎。）雇用的副市長會擔心得罪「大中國」嗎？格勒諾勃市長代斯多（Michel Destot，也是社會主義者），跟我解釋說他很希望能在市立博物館展出劉霞的作品，但是因為他正在爭取國民議會外交委員會主席的位子，因此他最好不要得罪「大中國」。對阿拉伯世界比對中國理解的波爾多市長，以他慣用的禮貌打發了我，讓我去找文化部門，然後音訊全無：或許，法國可能的未來總統不可以得罪「大中國」？剩下布洛涅比揚古，曾在那裏當選地方選舉的我，不能對我自己說不，而市長巴給（Pierre-

Christophe Baguet）——一位誠實的男人，也是法國—圖博（西藏）友好組織的成員——則給了我支援。時任薩柯奇的文化部長的費雷德里克・密特朗（Frédéric Mitterrand），這位表達自由的理論捍衛者，在 2011 年 10 月，願意為這場法國僅有的劉霞攝影展舉行開幕式。開幕前一小時，部長讓他的外交顧問打電話給副市長：他跟他解釋，很遺憾因為瑣事纏身，部長將無法為展覽開幕。小密特朗（Mitterrand le petit）——我決定這樣叫他，和他的叔叔佛朗索瓦・密特朗相反——不敢不顧他的棉籤（porte-coton），也是個害怕得罪「大中國」的浮誇笨蛋。

在替這樣的懦弱辯護時，法國媚華現象（sinolâtrie）淵源久遠，可溯及法國耶穌會，它們於十七世紀在法國出版的旅遊敘事當中，已經使人相信中國的傳奇有如烏托邦。從這些異想天開的作品（其真正的目的是彰顯皇帝容許耶穌會在北京的傳教，驅逐其他人），得出皇帝在經驗豐富的官僚輔助下，也是一個哲學家的結論。伏爾泰藉這些寓言故事，提出一個中國人的形象——「經驗豐富的專制制度」，取代我們的天主教國王的絕對君主政體。唉！耶穌會的中國是他們的想像與他們的野心的結果。中國的皇帝，大部份都是被鬢官的官員操縱的無能者。中國的真正歷史如何，沒什麼要緊：媚華現象出現了，耶穌會為它奠定基礎，伏爾泰為它辯護，而今天，佩雷菲特讓它更加強烈。他表示，尤其在他的暢銷書《*Quand la Chine s'éveillera*》（1973）中提到，毛澤東主義的領導人們，雖然否認，甚至抹掉過去的所有痕跡，但他們就是新國王哲學家（rois-philosophe）。法國資本主義者唱著同樣的歌，愛死了將公會、環保學家、公民權及所有放慢高速公路

與核子中心的建立速度之一切排除在外的政體。1989 年，天安門廣場上，軍隊在鄧小平一聲令下對學生的屠殺，並沒能改變佩雷菲特的媚華現象。在他死前，在他寫了五至六本有關中國的著作之後，我問他，在他像國家領袖一樣受北京主人招待的年度旅遊期間，到底和多少個中國人會過面。他想一想，好像在算一樣，然後回我，臉上帶著陰險的笑容：「大約二百人。」佩雷菲特不會講中文，而這二百人都屬於領導人名單。至少他不是他的媚華現象的受騙者：他認為他只是履行一項國家責任。「於我，」他告訴我，「是維持國對國的關係，至於你們，知識分子們，是支持分離分子、自由主義者、民主主義者。」我很感恩這難得的坦白：他知道，假如毛澤東的繼承人代表一個確切的中國，那麼要求民主的劉曉波則代表另一個同樣政體的中國。佩雷菲特代表上層的法國，也很瞭解它，這在他的同業中屬於少數特例，卻任憑底層法國在荒漠中大聲叫罵。

　　唉，我之所以有點無法融入這個上層法國，是因為我無法適應此一種類的分布（répartition des genres）。我不覺得為阿拉伯及中國的民主付出一點心力有什麼好光榮的，但是當我們的領導人認為人權是一首不強迫任何具體行動的搖籃曲時，代表人權的國家才是丟臉的。人權的法國？「鬼扯，」扎吉說的。

　　美國領袖比法國菁英更有邏輯性？我們有理由做個比較，因為我們兩國是世界上唯二要承擔普遍性與例外論的競爭要求的國家。正如美國的憲法不是保留給唯一的美國人，而是一紙向所有想要加入它的人開放的合約，法國的人權宣言也針對全體人類。是美國人在 1919 年建立國際聯盟，但是是法國人——卡辛（René

Cassin）──在 1947 年草擬世界人權宣言（Déclaration universelle des droits de l'homme）。這些平行的歷史說明了一個相同的野心或錯覺，替世界說話的錯覺。當國家利益因為這個普遍性的要求而進入衝突狀態，敵對的兩邊說的話當然不在同一水平上。美國人發明了國際聯盟，卻不加入；法國人為了「解放」非洲而殖民非洲，卻剝削它；1945 年以後，美國支持所有獨裁，只要它是反蘇聯的；美國人「解放」伊拉克，但因為不瞭解當地文化，把它搞得一團混亂。我們可以指責美國和法國造假；我們也可以很高興兩國至少都說著有關普遍主義的話，而不是部落的話。假如在前面幾頁當中，我所預審的是法國的訴訟，其最終目的並不是要擺脫也經過同樣矛盾的美國。我描述的都是我經驗過的；假如我在美國生活的時間比在法國長，那麼我要著手進行的就是美國的訴訟。我不放棄法國而就美國的原因是我贊同二者的普遍主義計畫，因此二個都選。那怕失望，也是二次。

第十三章

綠色的狂熱

「頭髮呢，您是怎麼弄的呢？」

「──主秘先生，不好意思，我不懂您的意思。」

主秘發火了：「您都沒有掉頭髮，頭髮那麼長，您都六十多歲了，怎麼頭髮都沒有白！是怎麼處理的？」

我沒有任何處理，也從來沒有擔心過我的頭髮，常常都是我太太幫我剪的頭。我含糊不清地說著。這不是我預料中，和我曾經同是候選人的法蘭西人文政治科學院的成員會談時，會有的話題。人稱主秘（chancelier）的波納福（Édouard Bonnefous）擔任這個集合了所有學院的機構管理人，已經是很久以前的事了，但一直保留這個稱號。在法國，只要曾經擔任過部長，就算只有一個禮拜，你就會一直是「部長先生」，直到辭世。1967 年，當時我還是洛特加龍省 ENA 的實習生，規章規定我在向參議員波德內夫（Jacques Bordeneuve）打招呼時，必須大聲喊出「尊敬的部長先生」。在政權轉移到戴高樂將軍之前，他曾在普分林（Pierre Pfimlin）領導的第四共和的最後一任政府裡擔任二星期

的教育部長。波納福，當我拜訪他時，已將近百歲高齡了，他也可以要求被稱呼「部長先生」，因為他曾於 1955 年任職 PTT（郵電局）一年的時間。我承認「主秘先生」有另一種比較稀有的氣派，而且跟他位於愛麗舍宮上的官邸的裝潢頗為協調。主秘有法蘭西學院院士製造者的好名聲，就像其他人是國王的製造者一樣。他靠出版一份給市民看的小型報紙，累積了一筆財富，那是個已被網路摧毀的獨佔事業，但是發生在波納福把他的事業賣給一家英國的私募基金之後。我知道，若沒有波納福，我不可能當選法蘭西學院院士：因為我競選活動表現得不好。主秘不說出他的意見，始終忠於學院的做法，而我漸漸才瞭解：他接見所有候選人，但永遠不干預，讓每個候選人相信他是佔上風的。其實，在我稱之為「白色選舉」結束時，我的競爭者沒有一個人當選，但當他們進出面試官的房間，和我擦身而過時，每個人都流露出勝利的自信。最激烈的有兩個，一個是前報社老闆，如何好好變老的心理教戰手冊作者塞萬─史屈海伯（Jean-Louis Servan-Schreiber）；一個是年輕的猶太教教士，隨軍牧師柯西亞（Haïm Korsia），戴高樂曾說「他雖然傲慢卻又相信他」。柯西亞在當年成為法國猶太教的大教士（Grand Rabbin），聊以安慰他在法蘭西學院的敗北。大教士是想要重建耶路撒冷公會的拿破崙所創造的，一個浮誇而虛構的職位。

　　與波納福會談的不當言辭其實是可以預見的：是我準備得不周到。首先，這位「頭版大人物」（他機構同仁的說法）主秘對於長相外觀、對於老了不要有太多皺紋是很在意的。比較老練的塞萬─史屈海伯當然從他那裏聽到許多飲食方面的建議。在這個

學院的苦差裡，我要怎麼做呢？

但還有什麼比學院更法國呢？假如我成為學院成員，我就能融入我們的文明核心好幾個世紀。我不考慮不朽會員專屬的文學、紅衣主教、國家舊領導人、心臟科醫生及眼科醫生的「法國式」。就像終生秘書德呂翁（Maurice Druon）所說的：「法蘭西學院時不時就要挑選一位作家，以合法化它的聲譽。」這與它的作者一樣過份。他的繼任者，俄羅斯與喬治亞裔的丹可斯（Hélène Carrère d'Encausse），就成功把這間老房子變成一個法語區的園地，中國人、英國人及也講法語的海地人都在這裡。相反的，我並不覺得法蘭西人文科學院（Académie des sciences morales et politiques）遙不可及，雖然我對於它一樣自負的名稱持懷疑的態度（沒有什麼比道德與政治更不科學的！）：它的院士曾頒二到三個獎給我的幾本著作。對於重要的活動，學院也會像以前的高中一樣頒一些獎。長久以來，我一直表現得猶豫不決，或者說，我太專注於為了「做必須做的事」而寫，以及有些院士邀請我寫。當我在《費加洛報》（Le Figaro）或《快訊週刊》（L'Express）寫文章的時候，「必須的事」會要求提到這些院士的不朽作品，要求經常找他們去雞尾酒會、私下吃飯、晚餐聚會或參加開幕式。因為對這些事情沒有欲望或時間，因此我只會祕密地去有邀請我的場合。這種情況偶然發生，但顯得不夠。

電話打到我的手機；我坐在車子上，這讓對話縮短。但這通電話（猶如學院的聖靈降臨節），來自我最尊敬的院士之一──布東（Raymond Boudon），他社會學方面的作品全世界都認可。在競選期間，我應該（但有點太晚了）發現這個聲望只為他

招來同仁的忌妒。布東跟我說了四句話：「您有年紀了，聲望與作品都是必要的；您有學術形象（對一個社會學家來說是判斷錯誤）；您的地位在我們之間；我介紹您去……席位」，那是我一年前還不認識的一個過世的歷史學家的名字。突然間，我看到自己穿著綠色的衣服，問自己會在自己的寶劍上刻什麼座右銘。被一個像布東這樣的大人物支持，競選似乎就穩當了，當然只要遵守規則。我向我的導師兼好友亞伯特（Michel Alber）探詢。他一邊把路線告訴我，一邊老實告訴我他不會支持我，因為他的這個學院終生秘書的職位，讓他一定要嚴格審慎。寫信給每位院士是候選人的責任，不可弄錯他的抬頭：假如他不是部長或大使，「老師」（maître）就夠了。信的內容應該謙虛地提到：很遺憾地要求席位……，我們把卓越的已故者——訥佛（Bruno Neveu）——的名字，刻在那裡，我們鑽營他的席位，這一天，我們將發表對他的讚美詞。接著一面下結論，一面善意地提出和院士面試的建議；幾乎所有院士都接受這個面試。傳統上，面試進行約一小時，因為他們是不太專心於候選人的來訪的。對於大多數年紀大的院士來說，整個來訪都是待價而沽，而身為遊戲主人的他們，是很能挑動焦慮不安的候選人的神經的。

　　波納福主秘向我承認，這些來訪讓他有像馬戲團馴獸師叫聽話的捲毛狗繞圈圈的快感。至於這封信，最重要的是用黑色或深藍色墨水鋼筆嚴謹地寫。這件工作花了我幾天的時間，盡可能讓信的內容貼合被請求的院士的個性和氣氛——如個性與氣氛都有的話。此外，信的內容還必須是手寫的，而且清晰易辨。這封信附了一篇我大膽打字的自傳，這樣反而害我被罵；然而，我沒有

勇氣用鋼筆描寫我的生活與作品五十遍之多。最後，信要貼郵票，真正的、素面的郵票，不是當今郵局發行的花俏的或紀念郵票。單獨的瑪麗安娜（Marianne seule）是可接受的肖像。

接下來在最常接待院士的學院走廊辦的競選期間，我聽到有人低聲說著：「您知道嗎，他交給我的自傳是用打字的。」我猜他說的是我的自傳，而我自己則是在扯自己的後腿。在這些面試期間（此約佔了我六個月的時間，一直到投票時），從來沒有人問我有關這份自傳的問題，也沒有問我的著作或我的想法。「法蘭西學院是個俱樂部，」前 EDF 主席波瓦都（Marcel Boiteux）向我解釋，「真正的問題不是向我們保證您的作品或您的生涯能說明您的當選，而是知道我們想不想跟您分享我們的時間啊。」我聽到著名的巴斯卡（Blaise Pascal）作品專家梅斯納爾（Jean Mesnard）說，他特別不希望我到這個俱樂部來，怕我會找事讓院士們工作。我有個做事太積極的名聲，而他們只想要平靜。在幾次會面期間，我提到了這個學院在十九世紀時的幾個重要時刻，當時的成員——比我們這個時代的成員年輕靈敏——做了幾份有關法國社會的重要報告。例如 1837 年，維列爾梅（Louis-René Villermé）所寫的有關紡織工人之貧困的報告，就是之後整個社會立法的起點。這個我不斷提到的內容，對我的傷害卻很大。院士們極度希望什麼都不做，或帶給別人煩惱。

幾年前，當時主持學院的記者兼歷史學者阿慕胡邀請了一些演講人到學院來，我很榮幸也在被邀請之列，在宏偉的大圖書館

裏演講，演講內容是我曾經出過書的美國保守運動[1]。我把手寫的座談會講稿拿給阿慕胡看，他同意了，只需把所有資料來源與圖書館的參考拿掉就可以了。學院都不引用資料來源嗎？許多沒有書目，頁尾沒有註解的論文所證明的一個法國傳統；我們知道剽竊的誘惑始終纏繞著某些人，這些人甚至在被揭露並遭法院判刑之後又重施故伎。

　　演講當天，我第一次碰到學院開會。這些寶貴的「老師」們有整整三分之一是在接待人員或護理人員的陪同下，坐著輪椅前來。因為院士們所戴的助聽器發出的聲音，以及這些機器和我的麥克風的干擾聲，讓座談會現場幾乎是聽不到的。只有幾個人可以隨受邀者進去以喇叭連接的隔壁房間，但看不到報告人。他們聽到的內容只斷斷續續和手寫講稿相符：我只能即席創作。

　　競選期間，雖然我和阿慕胡這幾年來一直在同一家報社保持著合作關係，但禮貌性拜會還是不能省的。他跟我保證──這顯然無法證明──他會投票給我。但為了候選人之間的平等，他堅持我們只能禮貌性會面一小時。這是個很大的幸福，因為阿慕胡口才很好，而且是第二次世界大戰的活字典。1997 年，當他在帕蓬訴訟案上作證之後，就被狠狠地指責是貝當派分子，這真是可笑：阿慕胡曾加入反抗軍。他沒有對帕蓬多加譴責，只說那些年「太錯綜複雜」了。波爾多的陪審團與受害者的家人都納悶，在一個非黑即白的訴訟案中，何來錯綜複雜。

---

1. 索爾孟著《美國保守革命》（*La Révolution conservatrice américaine*），Fayard, 1983。

之後還有一次我到現在還記的很清楚的會面，繞了個非常不學院式的彎。我去敘雷納市（Suresnes）看崔布雷（Raymond Triboulet）。當時是秋天，房子周圍圍繞著漂亮的灌木叢花園；要進到屋裡，必須在矮樹叢裏開出一條道路。崔布雷從來沒寫過什麼，但他曾是卡爾瓦多斯省反抗軍成員，解放時，戴高樂任命他為省長。之後，他分別擔任過議員與部長。馬爾羅曾經說他：「還有，還有，這就是他的別稱。」這位院士樂觀、單純而直率：他問我喜不喜歡川諾（Charles Trenet）。我說：「非常喜歡。」接著，崔布雷就在他的老電唱機上播放川諾的 78 轉；整個作品都在上面播放。院士就這樣在「歌唱瘋子」的歌聲中，哼著牢記在他心中的曲調，度過一個下午。我們喝著白酒，把蘭斯玫瑰餅乾（biscuits roses de Reims）浸入酒中，因此酒有點甜味。這個下午很迷人，也比許多重要的談話更讓人難忘。可笑的精采結尾是：事實證明，崔布雷既不知道我是誰，也不知道我來訪的動機。陪我走出門時，他喊我「親愛的老師」，也許他以為我已經是他學院的同仁之一了。

接著是德蒙布里亞勒（Thierry de Montbrial），地緣政治學的天才。他覺得沒有必要接見我：我們認識。因此他去了俄羅斯，投票當天會缺席。他以一種頗為厲害的技巧補充說，他不一定要出席，因為我一定會當選。這讓這位偉大的外交家不用採取立場。我從來沒有對他懷恨在心，並且毫無保留地讚賞巴赫邀請他擔任外交部長。他自己在三十九歲時，因為佩雷菲特的支持，沒有做什麼競選活動就當選了。在他那個時代，佩雷菲特的影響力是很可觀的。他身兼數職：戴高樂將軍的舊部長、《費加洛報》

社長、參議員、數本有關法國與中國的很受歡迎的書的作者。佩雷菲特指定的未來院士都得到其同事的一致推選。要表現出反對佩雷菲特的候選人，是不可思議的。德蒙布里亞勒因此從元帥的選舉中得到好處：他有為從不寫自己的書的佩雷菲特服務過嗎？這是可以想像的，但這無損於佩雷菲特的天分，也無傷德蒙布里亞勒的才華。六十歲時，德蒙布里亞勒一直都是——二十年來——這個學院最年輕的院士，這裏大家都變老了，但很少有人過世。

克勞德・桑德尼（Claude Sainteny）也是佩雷菲特任命的。歷史學者的她很少發表文章，但學院選她，是為了向她的丈夫，戴高樂的同事、印度支那總督與部長讓桑德尼（Jean Sainteny）表示敬意。人們終會瞭解，法蘭西學院不是左派，也不可能變成左派，因為它是建立在自行遴選的制度之上。

克勞德・桑德尼在維沃利（Rivoli）街有一間豪華公寓，裡面充滿印度支那的回憶。她把我當成另一個人，要求我停止出版《費加洛報》的最後一頁；她認為這個商品化沒有資格上大型法文報紙。我表示會停止。由於我對她的一些出色的家具與畫作讚嘆不已，因此她讓我好好觀賞：「您知道，有些院士都很窮，甚至相當窮？」難道她對於有些窮人被選入學院或有些院士一直那麼窮，或甚至當了院士之後變窮這件事感到遺憾？我只注意到記事本上的句子。上面有人寫著，必須把一切都記下來，因為遲早這一切都要終於服務；克勞德・桑德尼就是個證明。

接下來，我去拜會一位明顯剛從大學退休的院士，拉孔伯（Olivier Lacombe）。五十年前，他出版了一些有關古印度的學

術性著作。恰巧我也曾經在印度住過，也出了一本有關當代印度的書[2]。這讓我們之間的對話有某種默契，也在我這位年長的對話者身上畫出一道一道可以理解的記憶空白。我們是那麼地心有戚戚焉，以至於他不顧規定，明白跟我說他會投我；他的夫人來加入我們的談話，也贊同了。她顧不得拉孔伯羸弱的身體，不斷提醒他一定要回學院去投票。當我剛走出公寓，站在夾在大馬路與伊希—萊穆—利諾（Issy-les-Moulineaux）市旁邊的窄巷裏時，住在二樓的拉孔伯打開窗戶叫住我：「您叫什麼名字啊？」幾天之後，他因肺炎過世。有人跟我說他夫人認為我要負責，因為我的對談讓他的先生精疲力盡，我讓他暴露在冷風中，而他當晚還是活繃亂跳的。

　　我再失去一票，因為我到達德布羅意（Gabriel de Broglie）家時，整整遲到了一小時：我把瓦雷納（Varennes）街和大學（Université）街搞混了。他非常好心地給了我五分鐘。我在他凡爾賽風格的客廳裏面對著他，突然想到十八世紀的貴族階級中，法國式的禮貌與精神可能的樣子。我到德布羅意家遲到了一個小時，在法國，我遲到了二個世紀。

　　卡薩諾瓦（Jean-Claude Casanova）呢？他不想接待我，理由是我們互相已經夠認識了，因為我們曾一起在巴黎政治學院教經濟。卡薩諾瓦不知道他的講課非常地隱晦，於是我必須在他走後，向學生解釋到底是怎麼回事；我過了二十年幫卡薩諾瓦翻譯

---

2. 索爾孟著《印度製造：探索現代印度的文明精神與智慧》（*Le Génie de l'Inde*），允晨文化，2009。

成日常法語的日子。他卻對我報復：帶領人稱「陰謀集團」的團體打擊我的選舉。對於那些沒有立場的人來說，卡薩諾瓦在法國是權力人物。他的大學頭銜，他在巴黎政治學院的講台，他主導的《Commentaires》期刊，政治科學基金會主席的職位，他豐富的歷史文化，他演說家的天賦等等，和他希望發揮的學術權威的頭銜一樣多。這是代代相傳的影響力，因為卡薩諾瓦裝出一副雷蒙·阿宏繼承人的樣子，就因為他是阿宏的門生。阿宏，除了做作的謙虛以外，也迷戀權力，他一直因為沒能成為《費加洛報》社長與部長而不舒服，他是那麼地嚮往這二個職位。就像阿宏之於他的時代，卡薩諾瓦也認為在某種思想流派的代表制裡，沒有他們二個人的位置。阿宏再也受不了自由主義運動中的競爭；長久以來，他都反對在法國出版海耶克（Friedrich Hayek）的著作，因為海耶克是代表自由與樂觀自由主義的哲學家兼經濟學家，和阿宏保守且悲觀的自由主義對立，海耶克和阿宏保守而悲觀的自由主義可說大相逕庭。而阿宏也活得夠久，讓我 1983 年完成的第一本書《美國保守革命》的信譽受到嚴重破壞，他說這本書是「海耶克式的樂觀主義」（optimiste à la Hayek），這真是最大的侮辱。

　　沒了阿宏的卡薩諾瓦，是火焰護法（dépositaire de la flame）。他不缺才華，但時代變了。在外沒了蘇聯，在內沒了共產黨，「阿宏式」的戰鬥，因為缺少戰士而停止了。同樣地，黑維爾在他生命結束前，也變得比較不是好的論戰者，因為他已贏得勝利。缺乏真正敵人的卡薩諾瓦，保留他對競爭者的公訴權，那些他想像是那樣，或不承認他的權威的那些人。值此法蘭西學院的

競選活動時期，我忘了向卡薩諾瓦卑躬屈膝，不是因為傲慢，而是因為我寫了許多自由主義以外的主題的書，如中國、印度、貧窮國家的開發，這些主題更讓我感興趣，更讓我覺得比無止盡地惡意評論自由主義學說更迫切。這些研究讓我遠離巴黎，離開幾個月來代替學術論戰的東西。碰巧，去年，剛好是雷蒙‧阿宏百歲誕辰紀念，有人請我到《費加洛報》協助一個論壇。出於矛盾的精神（我認為這個精神是推展知識進步所必需的動力），我從這句有名但不知作者為誰的名言開始：「與其說阿宏是對的，不如說沙特是錯的。」這句話意味著雷蒙‧阿宏永遠都是對的，這真是沒什麼意義。

　　我重新讀了阿宏的作品，輕而易舉就找出三個巧妙的錯誤：西歐因為蘇維埃而中立（或「芬蘭化」）的必要性；工業社會中，資本主義與社會主義之經濟機構的不可避免的整合；導致帝國凍結在他們自己現有的邊界上之核子武器的保守角色。我還可以增加他在評價「五月風暴」現象上的錯誤，他把它定義為有關真實社會的一個沒有結果的純戲劇表演。事實上這是一個重大的錯失，因為在法國，「五月風暴」之後，權威原則再也不被接受。小心不要變成指控：我堅持三個錯誤。在《費加洛報》中，我記得阿宏每次都弄錯了，說他已經預料到，說他的腦袋在分析時比在預言更清醒，實際上是某種偶然性。我為這個論壇做了一個結論：我們能向過世的思想家表示的最大敬意，就是繼續對他作品的論戰，證明他死後其思想依舊存在人間。然後我就回到印度或中國。卡薩諾瓦認為我殺了他父親：他影印我的文章，把它發給保守傾向的院士（佔了大多數），跟他們解釋他們不會

投票給殺阿宏的人。因此阿宏和他雇來的刺客卡薩諾瓦把我給殺了。「他是科西嘉人，」另一位院士勒華伊拉度里提醒我。

千萬不要為這個障礙過程的簡短報告下結論，這個我只遇到無恥、無知與公訴的過程。說真的，我留下了一個正面的，幾乎是快樂的回憶，因為法國形象的美麗風光、意外與多元，沒有什麼比均一性更讓人難以忍受了。某些緊張的時刻，已經豐富了我自己對事物的認知。而在某次有點激烈的溝通期間，我和蘇聯問題專家兼神學家伯桑松（Alain Besançon）吵了一架，他認為上帝創造了猶太民族當他的發言人，而我──真正的挑釁者──則更進一步認為，由於猶太民族發明了上帝，因此他們不可以相信祂。

精打細算出名的歷史學者勒華伊拉度里，在法蘭西學院附近的一家咖啡廳接見我，他跟我說這裏的咖啡是這區最便宜的。我付了二杯咖啡的錢；而為了還情，勒華伊拉度里則跟我說法國基本上還是一個天主教國家，也就是說被教階制度、教士身分與儀式給弄得像石頭一樣硬，雖然法國人不再去望彌撒。相反的，北歐，儘管外表世俗，依舊是路德主義、反國家主義、個人主義當道，並且對現狀不滿；由於自由主義本質上並不是天主教，因此永遠不會是完全法國的。我很感謝勒華伊拉度里送了我這把鑰匙，雖然它打不開所有的門，但讓我強壯不少。我經常不顧學院的所有慣例，利用它來引用我的資料來源。

接近這個競選活動終點時，我開始瞭解著作本身是不會引領你進學院的。要進入學院，必須行使或行使過影響力與權力。金錢無害。擔任總理時被法國人低估的政治人物──梅斯梅爾（Pierre Messmer）──在得到台灣政府為了修復潛艦而捐贈的

大筆獻金以後，就成了學院院長。他承認這件事，而且大大地嘲
笑這件事。我和因為曾經統治印度支那而認識鴉片的梅斯梅爾，
都有一種不受歡迎的信念，那就是必須讓所有麻醉藥合法化，這
是遏制對消費者產生有害影響的比較好的辦法。他是我在巴黎遇
到過最勇敢、最有智慧的誠實政治家，台灣以贈金形式捐給學院
的錢也捐助漢學家巴斯蒂（Bastid-Bruguière）女士的選舉，她的
著作並不足以解釋她在學院裏代表中國。投票給她的院士們向其
他更有名的漢學家解釋，他們跟她父親，也是學院成員之一的法
學家保羅·巴斯蒂（Paul Bastid）很熟，才投票給她，祈求他們
諒解。台灣的這個捐獻，是歷史學者修努（Pierre Chaunu）跟我
說的，他為了和巴黎這些卑鄙可恥的言行保持距離，而刻意住在
康城（Caen）。錢，又是錢，把某個叫龐佘雷（Christian Poncelet）
的弗日省（Vosges）參議員，變成了院士。他在參議院時一點都不
出色，而他之所以能在 1998 至 2008 年成為參議院主席，都是因
為他不會遮住任何同仁的光芒，並且會均分區與區之間的補助
款。他利用主席的特權，捐了一筆錢給學院，估計約幾百萬歐
元，用來修復有坍塌之虞的法蘭西學院。2002 年，他也順便被
選入學院。勒華伊拉度里以他慣常的揶揄口氣評論：「幸虧有龐
佘雷，我們才能精確知道一個法蘭西人文學院席位的價值。」幾
年前，被選入法蘭西學院的韓斯（Maurice Rheims）說過，他的
席位花了他一千萬法郎：向一些院士買回一些不值錢的亨利二世
風格的家具，他們再投票給他，作為交換。

　　我既沒有權力，沒有資源，也沒有必要的社交網路。由於我
希望能繼承一位通過考試的大學教師的職位，但我既未通過考試

也不是教師，因此一些通過會考取得大學職位，自以為是席位所有人的人所形成的忌妒集團，擺明不接受僭越者。我只有最好的院士支持：顯然我是奔向災難。我得到的票數，低到連負責通知的阿勒貝赫都希望不要告訴我最終成績。但我喜歡這個競選活動，失敗就是安慰：我不用被迫坐在這個我將長期陷入煩惱的大會裡，尤其是我又被送回到我世界主義搗蛋分子的真實天性。院士們做了好的選擇，他們比我更瞭解我自己。請不要誤會：我在他們身上一點都沒有感受到排猶主義。這個學院裏有好幾位猶太籍院士。他們只是瞭解到我就像巴迪歐（Alain Badiou）所寫的戲劇作品《*Ahmed philosophe*》中的一個角色。這次敗北（但我並不覺得是失敗）加速我出發前往美國的速度。綠燈取代綠袍[3]。

　　這個離開不是流亡。年屆耳順之年，既然不能成為法蘭西學院響噹噹的人物，我還有額外生活。選擇，我太太也跟我一起選擇，選擇就地老化，還是繼續當個法國人，但是待在別的地方。我們試過選擇印度或中國（這是我的選擇）；這二個很引人入勝卻完全異國風格的地方，是書的主題，不是生活的地方。紐約，對於我及年輕時曾在此生活的內人來說，是很自然的終點，這個額外生活的階段，這個黑維爾稱之為 "bada" 的東西，一種可以用俚語 "rabiot"（額外部分）來翻譯的馬賽人的表達方式。黑維爾希望寫他的第二部回憶錄（第一部書名為《*Le Voleur dans la*

---

3. 自經濟學家梯若爾（Jean Tirole）、特里榭（Jean-Claude Trichet）及外交家勒維特（Jean-David Levitte）等人加入學院之後，學院的組成自此有了改變。

maison vide》），他會取名為 *Le Bada*；他的死把一切都剝奪了。紐約曾經是我父親夢想卻到不了的地方，而曼哈頓，對於很多在俗的猶太人來說，是真正的應許之地；宗教人士則去布魯克林，另一個基本教義派聚集的地方。

　　紐約雖在美國，但不僅如此，它是以世界的節奏在走。在紐約，我是在我家，在這裏也可以很輕鬆自在地做法國人，這裏的每個人，或幾乎每個人都來自其他地方。我來這裡，既不是流亡，也不是逃難，而是一個在美國的法國人，而且也被承認是這樣的：這裏跟那裏都是。稱得上**多元**原則的，美國社會當之無愧。有些人形容這個後現代的多元化：它容許多合一，容許接受多重身分。多元化是法國式融合的相反，而紐約則是反法蘭西學術院：在紐約，人們說著各種語言。摩天大樓（Babel）的市民，互相之間為了溝通，會以「紐約語」表達，那是一種源自英語、帶著印度腔、中文腔或意第緒語腔的混合語。我們剛定居初期，內人很擔心她英語說得不好，我跟他說每個人的英語都說得不好，這是事實，也讓她安心不少。巴黎是那麼近，紐約就更不是流亡了……對於西方旅客或提前一年為他們美國逃離做準備的度假者，這顯得有點趕時髦，但對於直接走向二個平行、富感情、家庭及專業的生命的紐約法國人來說，是輕鬆自在地從一個城市到另一個城市。二個城市之間川流不息的航班，比地鐵與郊區的鐵路更舒適：人是坐著的。把紐約和巴黎分開的是時差，距離倒還好。紐約和巴黎差六個小時，這讓人早起晚睡，但可以一天過二個白天。多謝了！我的院士們、綠色發燒的治療者，紐約，多麼地 bada 呀！

第十四章

在路上

　　我還是很感恩佐佐（Zozo）讓我發現了美國。1934 年由畫家法蘭奇（Franchi）所創作的佐佐，是一隻環遊世界的猴子。與他同行的還有船員克羅克費（Croquefer）與科學家米克羅巴斯（Microbus），他們是向日葵教授與哈達克船長（Capitaine Haddock）的遠親。1948 年，這部重新發行的神話漫畫，是我閱讀的第一本書。佐佐走訪紐約，在芝加哥打擊黑手黨，和印地安人一起抽長管菸斗，在好萊塢拍電影。因為這本如今已經絕版的畫冊，《*Zozo en Amérique*》（但我的圖書館裏還有一本，位置介於 Montaigne 與 Tocqueville 之間），美國夢闖進了我的童年裡。佐佐被努努敘（Nounouche）緊緊跟著，努努敘是一隻坐在自己開的飛機上發現地球的小母熊。戰後，法國人都想要移動，難道這只是作夢。這兩隻動物領著我從一個幻想到另一個幻想，縱橫在牛仔、加長禮車、摩天大樓與明星的大陸上。我看這些畫冊時的歡喜程度，堪比年長的法國人爭先恐後進戲院看第一部彩色電影《亂世佳人》時的盛況。接下來是貓王、五黑寶合唱團與雷查

爾斯的 45 轉。征服了法國人的美國激情毫無違和感地和一樣夢
幻的反美心緒[1]並存：導演達第（Jacques Tati）的電影《節日》（*Jour
de fête*），以一種無法超越的手法詮釋的一種精神分裂。電影的男
主角是小村裏的郵差，每天騎著他的單車──1913 年的標緻
（Peugeot）──在村裡巡行，他從被認為是「美式」的手法中
得到靈感，一天一天加快送信的節奏。他不再把信放進信箱，也
不再把信親手交給收信人，而是邊騎車邊把信丟出去，嘴上邊喊
著「美式送信法！」可惜，他對新世界的向心力因擋在路上的鵝
群與他擋不了的安德爾河畔聖塞韋爾（Sainte-Sévère-sur-Indre）
咖啡館的轉彎而變慢。自 1949 年起大局已定，而在今天的法國，
在緬懷消失的世界與「美式」現代化之間舉棋不定的法國，依舊
如此。孩子，我一方面分享這個國家矛盾，一方面在薩特魯維爾
的牆上塗鴉，以呼應共產黨 "US go home" 的標語，要讓解放我
們的軍隊離開國家的土地。在此同時，我只夢想到美國旅遊一
趟，這當然遠遠超過我父母的財力。

　　包機時代的來臨，讓世界向所有人敞開雙臂。1960 年代初
期，包機會不定期起飛，但須當所有位子都賣出去了才會起飛。
1961 年，巴黎政治學院的學生辦公室向法國航空租了一架波音
707，接著一整個學年都在推銷，希望隔年夏天能滿座。一直到
最後幾天，都還不確定能否起飛：機票非常貴──相當於我們今
天的一千歐元──要停留三個月，還必須付現金。幸運地，我在
美國有個叔叔，他在 1906 年時移民美國，但我們家族沒有一個

---

1. 黑維爾（Jean-François Revel）著 *L'obsession anti-américaine*, Plon, 2002。

人和他見過面。出生名叫卡爾曼・布奇（Kalman Buch）的他，成功來到埃利斯島，移民局官員給他改了個英語化的名字──查爾斯・布希（Charles Bush）。二年後，他成了美國人，在曼哈頓的馬路上找到第一份工作。布奇變成布希沒能成為總統，而是一位低微的油漆工，這是我六十年後才知道的事。我們只知道他的地址，在紐約布朗克斯區（Bronx），那裏當時是城市的猶太區。我不知道這位在美國的叔叔是不是美國大叔，只能指望他的慷慨大方。我應該發現了退休後的他，生活頗為拮据，但這並未阻礙我去他家住的計畫，他睡地板，我睡他的床，雙雙在美國夏天的燜熱中輾轉。這個時代，只有電影院和商店有空調。我叔叔的兒子，大衛堂哥比他父親更成功，他在這棟房子的一樓開了一家 Delicatessen（譯註：賣食物的店或小吃店），這些熟食店今天除了在伍迪・艾倫的電影中還看得到以外，幾乎消失殆盡：中歐的快樂與鄉愁天堂。剛好在小吃店旁邊，住了一個名叫巴什維・辛格（Isaac Bashevis Singer）的人，一個以意第緒語寫作的作家兼記者。1978 年，當他獲得諾貝爾文學獎時，全世界的記者都湧向布朗克斯區，想要採訪他。巴什維・辛格以諷刺而低調的口吻跟他們說，很容易就找得到他，因為他住在大衛的小吃店上面，而且整區的人都知道這家小吃店。

　　乘坐這架終於起飛的包機來到美國，我發現沒有牛仔、沒有明星的美國，似乎不是那麼的富有，也不比老法有效率。但這裏的一切都比較大。還好有行遍各州的灰狗巴士提供的套票──90 天 99 元，讓我可以走訪四十州。這些巴士證明了達第所想像的美國的相對進步：車上有空調且配備廁所──這在法國是無法接

受的——從紐約開往邁阿密、舊金山、西雅圖或芝加哥，出發一如抵達，永遠準時。車子每三個小時準時停下來換司機。從大西洋到太平洋，每個停靠站都有標準化的咖啡館，提供相同的鮪魚三明治、彩色的甜果凍與一台自動電唱機。接替的司機在儀表板上方貼上一張有他名字的單子，呈給旅客看。我發現美國人很有禮貌，而且民主：每個旅客都向鄰座的旅客自我介紹，然後交談。出發前讀到的托克維爾寫的關於美國民主的幾頁文章（我們好學生隨身攜帶的好書），在相隔一個世紀之後得到證實。美國人，既使不平等，也要假裝條件平等。

　　這個平等主義的極難看的例外是黑人的隔離。一到美國南部，我們真的是對此深感震撼。由於巴士是聯邦的，因此白人、黑人在車上是混在一起的，但中途停靠站是地方的，受州法律管轄，一下車，白人與黑人就自動分成兩邊，餐廳、飲水龍頭與廁所都是分開的，明白標示著 White only 與 Colored。更讓我們覺得衝擊的是每個人加入被指定的空間時的態度，簡直是世界上最泰若自然的。在這些小鎮，以及在這群低微的旅客之間，尚未吹起任何可感知的反抗風。尤其是，當時蘿莎・帕克斯（Rosa Parks）與馬丁・路德・金恩（Martin Luther King）所領導的公民權運動已經開始了，但還是停留在美國北部比南部接受度更高的景況，後者甚至連報紙與電視都還避免去談論說明。我和我路上的同伴馬丁（Claude Martin），都不禁生起了發起我們兩人公民權革命的念頭：我們走進保留給 Colored 的餐廳，餐廳的服務生客氣地陪我們走到 White only 的門，以為我們彆腳的英語看不懂告示牌的意思。比種族隔離更糟糕的是，它已經被它的受害者內

化了。這個對黑人的不人道在幾年之內就幾乎全部被消除了：種族隔離的結束和它當初被接受時一樣令人驚心動魄。據載，時任美國總統的甘迺迪（John Kennedy）曾經禁止歌手小山姆‧戴維斯（Sammy Davis Jr.）出席他的就職舞會，因為他同時是黑人、猶太人和娶白人的人。對於甘迺迪來說，種族隔離是他最不需要優先處理的。

另一個我們都沒有想到的美國特色是，美國人無極限的親法。上了巴士一就定位，我們的鄰座就像平常一樣對我們自我介紹，並且問我們從哪裏來的。「巴黎。」──「法國巴黎？」他們就不再說話了。接著嘴裏嘟嚷一連串有著性意涵的陳腔濫調：「碧姬‧芭杜、女神遊樂廳（Folies-Bergère）、巴黎的小女人……」甚至「艾菲爾鐵塔」和「自由女神像」。到今天還是一樣，對於美國人民來說，法國是個女人。利用這個資源的，反倒很多都是當代美國作家，如德魯克曼（Pamela Druckerman）的《Bringing up Bébé》與吉里亞諾（Mireille Guiliano）的《法國女人不會胖》（French women don't get fat），或者出版一些關於法國女人的隨性著作，或者探索她們吸引各年齡層的魅力，為什麼她體重不會增加，為什麼她們不追求整形，為什麼她們的小孩教養得那麼好，以及其他無聊的話題。這些作家（通常都是女作家）把她們的論點建立在所謂的調查之上，侷限在巴黎的二個區──第七區與第十六區。但 1962 年和 2016 年的反對力道太強勢，引起美國人的反感，指控你詆毀你的國家。

如何瞭解這個神話般的親法？也許要追溯到拉法葉將軍（La Fayette）與羅尚博（Rochambeau）將軍。1930 年代駐華盛頓大使

克勞德稱他們是美國獨立的「令人敬畏的迪奧斯居爾家族」
（augustes Dioscures）[2]。而富蘭克林當時在凡爾賽宮時，只拜訪
他欣賞也欣賞他的朝臣。直到最近這些年，法國團體在美國的缺
席，才讓法國得以形成一種比人們所不知道的還更理想的形象。

　　除了歷史的感激之情與法國形象的浪漫接觸之外，我們國家
在文學、電影中，以及對於專欄作家來說，也扮演著孟德斯鳩《波
斯人信札》（Lettres persanes）中波斯人所扮演的角色。1920 與
1950 年代選擇住在巴黎的作家與藝術家們，在這裏發現了一個
比美國清教徒社會更自由、更寬容的社會。貝克（Joséphine
Baker）與作家鮑德溫（Joseph Baldwin）──二位都是黑人──
在法國避開了美國的種族主義，但假使他們不是著名的藝術家，
還能不受到法國種族主義的衝擊嗎？無論如何，法國讓他們得以
揭發美國的種族隔離。二次大戰之間，紅酒、烈酒愛好者兼美食
饕客海明威與費茨傑羅（Scott Fitzgerald），將法國命名為美食
之都。米勒（Henry Miller）在巴黎裏面只看到一個可疑的世界，
他稱許男用公共小便池，這裏性別錯亂是允許的，反觀美國則是
遮遮掩掩的。1950 年代，好萊塢電影創造了一個年輕法國女人
的神話角色，優雅、時髦，但這也是為了對照頭上永遠捲著髮捲
的美國女人的邋遢。2015 年，摩爾（Michael Moore）在紀錄片《插
旗攻城市》（Where to invade next）中，將諾曼第一所法國學校的
食堂和美國食堂做比較。我發現我們的諾曼第小學生可以選擇扇
貝或羊肉串，真是讓肥胖的美國學生，以及法國人，都渴望法國。

---

2. In *Cahiers Paul Claudel*, t. II, *Claudel aux États-Unis* (1927-1933), Gallimard, 1982.

在所有這些文學與電影的創作中，無論是昨天或今天的，一丁點
的實話，變成了完整的事實：理想化的法國讓人更有理由批評美
國社會。而這個現象還在繼續。在左派的現代，民主黨人熱愛法
國的社會保險，也不問價格，只為更讓美國的私人保險失去信
用。各方都混在一起了，我們吹噓法國的四季豆，以對比美國的
垃圾食物及接踵而來的肥胖。麥當勞在法國的成功呢？我們都不
講，因為這不是真正餵養法國夢來對抗美國夢氾濫的法國。

　　這可不是純潔主義：也有極端討厭法國的人。對於很多美國
猶太人來說，法國依舊是德雷福斯事件與貝當元帥的國家。對於
索羅斯（George Soros）稱之為「市場之基本教義派」的完整資
本主義**保守黨**活動分子來說，法國是社會主義的地獄。2003 年，
在席哈克拒絕加入侵略伊拉克的戰爭之後，共和的右派政黨便發
起平反至少可以追溯至 1940 年被視為懦弱法國的運動。1804 年
的美國總統傑佛遜（Thomas Jefferson）曾經以 French fries 之名，
把薯條引入白宮的菜單之中，那是他非常欣賞的一位大使；保守
的福斯電視台又把它改為 Freedom fries。但法國的這個拒絕參加
是依照形勢而且是短暫的。在今天的美國，到處都看得到法國文
化，像著侈品的廣告論據，也像文明的熔爐。一些大學，如哥倫
比亞大學與紐約大學，都有他們的「法國家庭」，接待法國的作
家、思想家與藝術家。電視頻道 TV5 遍布各州，向忠實的大眾
提供法國電影；一百二十家法國文化協會（Alliances françaises），
一些私人機構，在一些最意想不到的地方，而且不只在大城市
裡，提供我們語言的教學。由於越來越多的法國移民，以及非洲
與海地的移民，使得法語也越來越發展；創立於 1943 年的雙語

雜誌《*France-Amérique*》，讀者人數超越以往的任何時候，內容主要是向美國人、說法語的人及親法的人，推廣法國的思想與生活藝術。最近一個驚人的現象，美國各處私人且要付費的法美雙語學校、初中、高中林立，不僅吸引美國學生，也吸引中國學生，咸認為法國教育協會搭配美國教育，可以為孩子帶來最好的文明與最大的效率。

　　法國文化的這個推廣，首先是親法美國人的傑作。在美國的法國企業，如米其林（Michelin）、泰雷斯集團（Thalès）或某些銀行，都選擇美國化或世界化，而不標榜法國身分。針對「我想要（J'aurais aimé）……」問題，這些企業都贊同世界主義的非身分（non-identité），這是他們的策略，此對於工業或許值得這麼做，但對於強調血統的奢侈品牌，如索菲特酒店（Sofitel）或香奈兒（Chanel），就見仁見智了。大使館的文化部門也有點加入這個法國文化對美國的防禦與爭光。國家為文化顧問與專員提供酬勞與住所，他們的主要職責是頒授學術界棕櫚葉勳章給某個美國老教授及參加其他單位籌辦的活動。正如《艾菲爾鐵塔之婚禮》（*Les Mariés de la tour Eiffel*）中的克鐸（Jean Cocteau），他們可以說：「這些祕密讓我們驚訝，就讓我們來假裝是它們的始作俑者吧。」

　　1961 年，十八歲，阮囊羞澀的我們，必須在美國待三個月，一天只有五塊錢美金可花，還是從我們親戚那裏借來的；因此我們總是順利地適應我們的旅伴提供給我們的飯菜與夜宿。由於連鎖速食店與飯店還不是全國都有，1962 年，在麥當勞之前，我們連一個漢堡都買不起。

　　這個善良又好客的美國，這個凱魯亞克（Jack Kerouac）〔《在路上》（*Sur la route*）〕、史坦貝克（John Steinbeck）〔《查理與我：史坦貝克攜犬橫越美國》（*Voyage avec Charley*）〕、納博科夫（Vladimir Nabokov）〔《羅莉塔》（*Lolita*）〕走遍的國家，和這個充滿《巴格達咖啡館》（*Bagdad Café*）式的**公路電影**的國家，幾乎消失了。2016 年，當索魯（Paul Theroux）在《深南》（*Deep South*）中重新建立起這個公路文學時，只看見那些還沒追上中產階級之郊區生活方式的人的悲哀。1970 年代的城市化與暴力一直都在；取代巴士的搭機旅遊，把公路清空了，也在被黏在太窄的座位上的不安的旅客之間，產生了攻擊性。但也留下這個民主真意的一些重要痕跡。1985 年，當我們第一次舉家（與我太太和孩子）搬到加州史丹福時，我們的鄰居來向我們打招呼，帶著他們自製的蛋糕，表達歡迎之意。自 2005 年開始，我們就半年住紐約，半年住巴黎；我們認識我們同棟大樓裏的所有住戶，我們互相打招呼，反觀在巴黎時，鄰居們互不相識，我們可是住同一層樓二十年的鄰居啊。

　　美國的民主比較和道德有關，反倒比較不關制度的事。他們把它歸因於一個事實：美國本地從來沒有貴族政治，人際關係在此自然而然是平等的；而在法國，每個人都試著要凌駕在別人之上，冒稱具有一點不久前還是貴族特權的社會認知。這個銘刻在歷史長河中的說明（或許有效），可以讓人瞭解為何美國人總是透過名字表明自己（他們很有名？）而法國人從來沒有，就像凡爾賽宮裏的每個人都（被認為應該）認識的王子一樣，無需多加介紹。我覺得所謂的真摯（假裝的嗎？）似乎也──反常地──

被美國人民的種族、文化、宗教多元性給強化了。一種即將放大的多元性，以至於在美國的某個世代裡，只剩下一些少數族群，當中有一個是歐洲裔。好吧，這個多元性會要求的是共享的集體行為準則。人類關係中的真摯，無論是不是裝的，都與法律的嚴謹與憲法的神聖結合在一起，才能織出社會關聯，沒有了這層關聯，多元性只會導致混亂。在法國，因這層意義不太被瞭解，因此多元性在此行之不佳。位列少數族「血統」的文化與種族多數族的同樣減少，並沒有帶來什麼陣痛或反抗。每個大量的移民潮，愛爾蘭、義大利、猶太、中國、墨西哥，都在「最早的佔領者」身上造成害怕與仇外——不太問誰是第一個佔領者——很快就忘了他們自己也曾把早期的移殖民趕走。這些仇外的反應通常都很激烈，十九世紀對愛爾蘭人，二十世紀對義大利人；後來的被懷疑不懂美國習俗、被懷疑覬覦土地、女人及其前人的權力。自一**無所知運動**（Know Nothing）開始，仇外總能找到某個發言人，在十九世紀中葉仇視整個移民的祕密社會，林白（Charles Lindbergh）在飛越大西洋時領悟到的反猶太主義，直到川普。身為 2016 年總統大選候選人的川普（譯註：已於 2017 年 1 月 20 日，就任為美國總統），在無恥的醜行上直接跨越一個等級，將所有墨西哥人都當小偷與殺人犯，除了幾個幫川普企業工作的「非常值得稱道的人以外」，他還想禁止穆斯林進入美國，無視當初國家就是為了逃離宗教迫害而建立的。這些蠱惑人心的循環運動，隨著潮流攀升，然後，隨著越近期的移民變得比美國人更美國之後，這股運動便像大海一樣消退；這些運動也改變了美國，儘管他始終面向多數的、混血的世界。這和美國本身一樣古老。

也不是法國的對立面。

　　1782 年開始，一位原籍康城的法國移民德克雷夫柯爾（Saint John de Crèvecœur），在他的書《一個美國農民的信》（*Lettres d'un cultivateur américain*）（他第一本沒有寫到剛立國的美國的著作）中，對於在別的地方都看不到愛爾蘭人娶德國人或英國人娶西班牙人，但是在美國卻看得到此情況而感到驚訝。後來成為第一位法國領事的德克雷夫柯爾從而得出一個結論：「一個新的種族，美國人。」他無法想像未來的異種交配，如今將影響所有民族；只有非裔美國人還表現出某種緘默，去他們的社群以外通婚，也在他們之間通婚，障礙開始瓦解。事實上，新的美國種族就在那裡，混血而多元：種族「純潔」的擁護者主導的戰爭比失去的叫得更大聲。而這是幸運的。

　　因為住在美國，因此這些美國習俗，我們只從內部瞭解。在我們定居紐約之前，我已經出版了幾本有關美國的著作，這是一些調查與長期居留的結果，卻從未真正在此住過。我自認是專家，也終於這樣過關；事實上，許多事我還是停留在表面，就像大多數非美國人一樣，會把民主和它的政治制度搞混，而其實這些制度主要還是一些習俗的反映。就像你長久以來沒有被引導要早晚向你同樓層的鄰居打招呼、要參加學生的家長會議、要參與宗教服務（無論你是什麼宗教），你也是粗略瞭解美國，卻不瞭解民主的精髓。還必須喜歡民主，對於我所有法國同胞來說，這並不是與生俱來的感覺。

第十五章

一張把我們分開的面紗

　　在紐約，我的計程車司機（孟加拉裔）聽星期五的「穆斯林之聲」，打開最大功率的廣播，聲嘶力竭地朗誦祈禱文：沒有人會感到不快，也沒有人要求他們降低音量，這是他的權利，受到憲法第一修正案的保護，我們不是在法國。2012 年，在明尼蘇達州，當一位戴面紗的穆斯林小學老師被她所任教的公立小學校長暫停職務時，當地法官立即以第一修正案的名義恢復她的教職。川普，美國總統，不是宣佈他將禁止穆斯林進入美國領土嗎？或者川普不懂憲法，或者他知道此將不合法，無論如何都無法施行。當人們在法國和美國之間過境，人們穿越一個無形的邊界，一份紙上的界線，這個憲法第一修正案：權利法案（Bill of Rights）一開頭，有十段文字在保護美國公民對抗政府的自由。**對抗**（contre）政府，而不是**透過**（par）政府！當我決定在我的法國公民身分之外再加上美國公民身分時，這段文字扮演了最重要的角色。回到它最簡單的文字表達：第一修正案禁止美國國會通過任何禁止宗教自由、表達自由、集會與請願自由的法律。如

同 1968 年 5 月情境主義者（situationniste）寫在巴黎的牆上一樣，第一修正案也「禁止去禁止」。

在法國，國家被假定是我們自由的保護者，在美國則相反；美國的開國元勳認為公民自由的主要傷害只會來自國家本身。或許這個對比太超過，但經驗又證實了美國的某種遠見：就算有第一修正案，法國人就能避開革命的恐怖？避開旺代戰爭？（guerres de Vendée，譯註：法國大革命期間發生的保王黨反革命叛亂）避開拿破崙獨裁？避開維琪政權？這些對於自由與法國人生命的傷害也許會出現，我們身處於杜撰的歷史（histoire-fiction）裡，但在這些情況中，國家不會代表權力，它將置於法律之外。羅伯斯庇爾（Robespierre，譯註：法國大革命時期的政治家，雅各賓專政時期的實際最高領導人）、拿破崙或貝當都不會是美國人，就算他們是，人民會有責任反抗他們。

第一修正案和法國國家保護者的善良內在意識形態有所衝突，然市民一直反權力難道是對的嗎？所有輿論都值得被表達？所有宗教都值得尊敬？所有集會都值得被許可？原則上，美國的回答是：「是」，除非證明是相反的。在第一修正案之下，向法院提出其他惡意市民所做的精神與文字傷害的，是自覺受傷害、被毀謗、受威脅的人之責任。自由是原則，而在某些情況下，國家可以強制規定一些限制，但必須是可以說明理由的例外。讓我們不要進入最高法院的判例分析當中，最高法院有責確定這個第一修正案的實際輪廓。但極端來講，容我們提醒一下，法院允許人們在大庭廣眾下焚燒國旗，允許人們抗議美國軍事干預，允許教堂拜什麼神或什麼魔鬼。讓我們說明一下這個詞：穆斯林女人

戴的面紗。

2010 年，法國國會以一票反對的票數，通過廢除在公共場所戴面紗，同時在公立學校加強預先限制。這個贊成禁令的熱情讓人困惑。少數持不同意見的人（包括我在內）像瘋瘋病人一樣，被隔離在左派報紙的輿論版裡。這樣的一致只能掩飾家庭的秘密，非穆斯林法國人對伊斯蘭教的無理性懷疑。為了避開這個猜疑，禁令被擴大到過於醒目的宗教特徵，如帶耶穌像的十字架或猶太教的無邊圓帽。但是，假使 2000 年時，四個小學生沒有戴著他們的伊斯蘭面紗出現在克雷伊（Creil）的學校，就不會有任何辯論發生，也不會有任何禁令。難道帶耶穌像的十字架從來沒有挑起一種類似面紗的情感嗎？有誰相信禁令的唯一目的是阻撓一般的宗教宣傳，而非特定的伊斯蘭教？容我們再回想一下其他論據，一樣破壞自由的論據，援以支持禁令的論據：就是保護穆斯林婦女對抗強迫她們戴面紗的她們的丈夫、父親、兄弟或教長。願面紗可以是一個選擇，像帶耶穌像的十字架或猶太教的無邊圓帽一樣，不受所有限制的束縛，對於某些女權主義的活動分子來說似乎難以想像，那些由歷史學者巴丹德（Élisabeth Badinter）領軍的女權主義者。女權主義追隨她，要求保護戴面紗的穆斯林女人的自由，必要的話，還要對抗她們自己；一個自由的、虔誠的、戴面紗的穆斯林女人將不知道怎麼生存！難道讓全世界上億穆斯林婦女戴上面紗，就表示她們全都要嘛受控制，要嘛精神錯亂？同樣的論證，巴丹德不把它應用在戴十字架的人或戴假髮的東正教猶太人身上。假髮是被迫選擇而面紗是必然的約束？論證因為宗教歧視或習俗與制度之間令人遺憾的混淆而歪

斜。只要習俗不和制度牴觸（面紗及清真政權的情況），一個法治國家中就沒有任何價值判斷可以支配習俗。

　　情況還更糟：為了避免有關這個伊斯蘭恐懼症或這個女權主義的爭論，左右混雜的高層法國竟裝出一種終極姿態：政教分離。面紗會威脅政教分離。為什麼是面紗而不是迷你裙或撕破的牛仔褲？但是當政教分離被宣佈時，諷刺就不見了：這是緊急狀況，警鐘響了，國家處於危險之中。政教分離真能保護國家？

　　有時，就像平地一聲雷，就在我寫這幾頁的時候，2015 年 11 月 13 日，一些仗恃伊斯蘭教的虛無主義者，殺了幾個坐在共和國區（quartier de la République）露天咖啡座的巴黎人與巴達克朗（Bataclan）搖滾音樂會的觀眾。我從紐約打電話給我住在這區的孩子：她們在家裏聽到幾聲槍聲。我太太的一位密友，德布爾吉（Véronique de Bourgies）也罹難了。

　　二個禮拜的哀悼與反省期之後，我又回頭寫作。殺人犯都是法國和比利時公民；他們的父母是我們的鄰居，已經在此地平靜生活了好幾個世代。殺人犯是我們的同胞卻仇恨我們。殘殺我們，像玩遊戲機一樣玩弄我們的生命，真實犯罪中的虛擬片段，就像我們都寧願相信的，為了安心，這些都不是來自「其他地方」。2016 年 7 月尼斯與聖艾蒂安迪魯夫賴（Saint-Étienne-du-Rouvray）的襲擊之後，政府跟我們說的那些殺人犯會「從外部」激進化嗎？他們是在法國，以及從法國，接受了這個激進化、這個不人道。他們的生命在他們自己的眼裏不值一文；只有死亡才能讓他們有價值，因為他們是自殺的候選人，而我們的生命──他們的想像所不可或缺的犧牲者──則為他們的生命增添

意義。唯一有價值的問題是：這個不人道在法國是怎麼被允許
的？這些非來自**其他**地方的恐怖分子，具有一種社會的、客觀
的、眾所周知的現實性，我們的政府要對其負責，至少三十年
了。對於恐怖主義的這個「社會」解釋，有些評論者[1]喜歡用宗
教動機：伊斯蘭教自己產生一種對他們來說至關重要的基本教
義。除了理論家的這個詮釋是無法證明的以外（也就是不排除部
份真相者），我覺得它似乎更隨和，讓人可以避開法國菁英的政
治與學識責任。阿拉伯穆斯林與非洲的移民、不適當的住所、只
造成失業的經濟政策、被警察、教育者、醫生、商人、企業家放
棄的地區等等所導致的社區領土的堆積，已然在這個移民人口中
造成一種已有一、二個世代不曾看見的無產階級，而這是無可避
免，也可以證明的。公共政策的這個對其他政策的拒絕，被丟棄
在伊斯蘭習俗上的恥辱，再加上突然出現在激進伊斯蘭教世界的
舞台上，造成了替代法（droit alternative）的生存空間，在這個
空間裡，充斥著因各種非法交易、毒品與武器氾濫而產生的幫派
領袖。這些領地變成巴黎或里昂大門口的迷你哈里發，伊斯蘭虛
無主義者（islamo-nihilists）的溫床。轟炸敘利亞的沙漠無法修補
法國社會。假如人們以為可以，那是因為人們搞錯戰爭了！

　　和美國的第一修正案及其對立面，也就是法國的政教分離有
什麼關係呢？第一修正案無條件允許在美國當穆斯林；法國的政
教分離，要求無形的伊斯蘭教承擔義務，甚至不該妨礙非穆林斯

---

1. *Résister à la terreur*，尼古拉・特呂龔（Nicolas Truong）指導的集體著作，Le
　　Monde des Idées/Éditions de l'Aube, 2016。

的眼光。這個被消過毒、非宗教化的伊斯蘭，或許適合能夠將就它的少數整合的穆斯林。但伊斯蘭是一種存在的全球概念：對於大多數穆斯林來說，法國的政教分離只能感覺像是伊斯蘭恐懼症。這個政教分離讓穆斯林成為半公民，而我們得到他們的仇恨，作為我們的優越感的回報；伊斯蘭虛無主義是法國不寬容的結果，甚至也只是這樣。假如因為大多數市長都反對清真寺，而強迫自稱激進的伊斯蘭教教長在地下講道，那麼他也只會被聽得更清楚：他是否把世俗法國妖魔化，把伊斯蘭虛無主義理想化。2011 年 9 月 11 日以來，這個被格魯克斯曼（André Glucksmann）評為伊斯蘭虛無主義，並且否決它的整個精神價值的聖戰，不只是法國政教分離的根藥，更因為它讓整個社會從阿拉伯世界開始腐敗；而我們不寬容的政教分離是一塊肥沃的腐植土。若沒有政教分離或有一個比較不激進的政教分離，法國的穆斯林就可以創造一個中庸的法國伊斯蘭嗎？這些現代穆斯林會獲得必要的合法性，以便以伊斯蘭教之名表達自己，並揭露伊斯蘭虛無主義的反穆斯林性格──比非穆斯林所能做的更多。美國雖然也躲不掉美國公民或穆斯林的攻擊，但至少有一些合法與現代的清真寺，一些穆斯林與美國人社區，這些社區也被認為代表所有美國人，無論他們是否為穆斯林。第一修正案沒有讓美國社會免受以《可蘭經》為名的野蠻行為，但它允許一些替代辦法與防火牆；我們戰鬥性的政教分離，只引來了對抗。這是 2015 年 11 月 13 日的巴黎及之後 2016 年 7 月的尼斯與聖艾蒂安迪魯夫賴的攻擊給我的啟示……不論對或錯，但政教分離的法國崇拜並不引人討論。

　　經常被美國人要求解釋法國人對於政教分離之看法的我，真

是覺得很痛苦。我們偶爾使用的 Laicity（**俗人統治、政教分離**）這個字眼沒有任何意思，securalism（**世俗主義、政教分離論**）這個字牽涉到國家的中立，而法國的 laïcité（政教分離）卻是像服兵役一樣具有戰鬥與強制的意思。事實上，政教分離是從法國大革命開始取代法國天主教的一種國家宗教：羅伯斯庇爾試圖強制性規定的理性崇拜（Culte de la Raison）的一種緩和形式。這個政教分離有它的教士、教師行業、「共和國的黑騎兵」（les hussards noirs de la République）。和國家的所有宗教一樣，人們以政教分離之名驅逐不符主流理論的行為。一個不太民主的共和國，因為它先天就排斥持不同意見者：一個戴面紗的女人不是在俗者，因此她不是共和主義者，因此她也不是法國人。評估移民融入我們社會之程度的整合高級理事會（Haut Conseil à l'intégration），如積極的指標一樣，秉持無神論。在其 2013 年公佈的最後一份報告中，寫著：「無神論或不可知論者的比例從移民中的 19% 上升到雙移民父母之後代的 23% 及單移民父或母之後代的 48%。」這個由政府任命的高級理事會在此發現了一個非常積極的跡象：要成為法國，必須放棄信仰，尤其是——這份報告裏沒有明講的——假如你是穆斯林。

　　我要在這個無神論的標準上，用我以前擔任布洛涅比揚古副市長的經驗，提出另一個標準來比較。我在十一年期間，以這個頭銜祝賀許多婚禮，我發現在新娘為阿拉伯裔的例子中，有一半都嫁給非阿拉伯人。在法國，因為種族的統計是禁止，因此沒有人知道他們到底在講什麼，在我看來異族通婚是自然而然發生的，國家並沒有介入；新娘是無神論者還是信徒，都不重要；這

個雜交混血,這個在所有移民國家都不斷在進行的事情,通常都是透過女人。

法式的政教分離會不會走向一個比美國第一修正案更公民的社會?在法國,所有戴面紗的女人一下子就引起懷疑,民眾的猜疑與警察的猜疑。難道她不是透過某種雙重屬性,屬於某個忠於其血統甚於應該放棄其過去的法國民族國家的「社群」?這個社區主義的猜疑,被神化的國家之反襯──多麼奇怪啊──只適用於穆斯林。反觀美國,戴面紗的婦女(因為文化的多元與宗教的更開放,而比法國多很多)不會吸引任何目光:沒有人會去注意。在法國的不寬容(在共和國政教分離的掩護下)與美國的寬容(如憲法的保護)之間,我的傾向是很明顯的,完全建立在美國寬容的具體結果上,與縈繞在法國之上的猜疑氣氛完全相反。美國的寬容有太超過、而第一修正案有被過度引用,來掩護所有行為嗎?是的,但第一修正案甚至允許對這個寬容的辯論;在法國,政教分離,理論上是不禁止辯論,但對它提出異議是可疑的。假如你不相信這個教條,那你真的是法國人嗎?

在這二年的攻擊事件之後,政教分離的這個批判性分析與對美式宗教寬容的讚美,像一個不合常理的立場,甚至矛盾而似是而非的見解,出現在可望復仇被理解的活躍讀者身上。但矛盾是必要的。很遺憾的,在法國的辯論中,透過自身的思考是例外,因為像大家一樣思考是舒服多了。

這個法國特有的統一思想(pensée unique)現象,在某個特定時間,經常被敏銳的評論家卡恩(Jean-François Kahn)點評與揭露。這個事件,尤其是當它很誇張的時候,都會引起統一思

想，這與法國的天主教原理及之後的在俗理論頗貼合：獨立思考近乎邪道。2015 年 1 月《查理週刊》恐攻之後，整個法國都被要求在宗教與文化聯盟裏連成一氣，基督徒、猶太教徒、穆斯林與無神論者之間沒有差別。有不同的想法是不可思議的；所有的意見不一致都把你歸到國民陣線，懷疑你不願分享這個一致主義。2015 年 11 月開始，一種新的**統一思想**佔了上風：法國正在「戰爭中」，包括與國內敵人對抗，而敵人碰巧就是伊斯蘭教。懷疑這是一場戰爭，懷疑伊斯蘭是真正的恐怖種子，以及確認還是必須接受逃離這個恐怖的敘利亞難民，這些就是現在的異端分子。這個對於辯論的迴避（統一思想的症狀，同時也因為知識分子對於理論的堅持），導致一些對於真正威脅之衝動的、過於簡化的回應。

統一思想不是從美國來到我們國家，並且由美國與法國右派思想家揭露的**政治正確**（politiquement correct）的移植嗎？非也。要**政治正確**，必不可使用一些冒犯某些少數的、脆弱的人口的措辭與態度：不講黑人（nègre）而是講非裔美國人（Afro-Américain），就是**政治正確**，因為這個字眼不會讓人想到奴隸制度。要**政治正確**，就不能否定別人的尊嚴。**統一思想**，剛好相反：它自上而下，透過媒體，強迫大家接受統一的社會概念，無視弱勢者、少數者與異端分子。**統一思想**和所有的理性表達背道而馳，為了知識的進步，理性表達總是採取和主流理論相反的理論，為了證實其真實性而推翻這些理論。矛盾精神—這個波普爾以更博學的字眼稱之為**可證偽性**（falsifiabilité）的矛盾精神—並不是一種知識病理學（pathologie intellectuelle），而是對事實的

理解所必須的學科。此外，對於第一修正案有利的經驗，對於世俗神學之精神是不利的。我援引了成為英國人的維也納哲學家波普爾的話，他對於大多數科學研究者的推理方法很有啟發，但他的方法卻更接近法國的傳統，我們只需要重提一下 1690 年賽維涅夫人（Madame de Sévigné，譯註：法國路易十四時代的書信作家）寫給她女兒的信：「想想妳想要的，但妳自己想就好了。」我會想要成為這個時期，這個偉大世紀（Grand Siècle）時期的法國人。

第十六章

紐約，單程機票

　　2011 年，薩科奇總統路過紐約時沒有聽到回答，卻提出了一些好問題。在想要瞭解大批人才外流美國之情況的總統號召下，一場集結了美國一流大學教授的會議召開了。認為不是錢的問題的薩柯奇，突然向這些他素未謀面的人提出一個問題：他們賺了多少錢。平均比他們在法國得到的多了六倍，包括補貼，如公務住房、免費醫療保險、不受教學限制的免費年假。「我辦不到，」薩科奇回答。

　　他不該問是什麼原因讓法國的大學教師與研究員報酬這麼差，又為什麼他們在美國就這麼好呢？皮克提對於法國人的收入之研究結果顯示，相較於其他行業，法國教師的待遇自二十世紀初開始就不斷下降。同時間，他們的社會地位，人們給他們的尊重也減少了：地位與報酬之間確實存在一個客觀的關係。在美國，二者齊頭並進；在法國，二者齊頭並退。當法國人公開稱道高等教育和研究時，才讓人對這些話語感到困惑：這只是一次演說而已。

　　紐約哥倫比亞大學的一位法國經濟學者試著說服薩科奇說那不僅僅是錢的問題，但沒有用，因為總統聽不下去。他解釋，在美國，研究自由之風鼎盛，尤其是在法國被審查的二個學科：經濟學與生物學。錢只是第二個理由，為了那個更重要的理由，這些領域裏有那麼多研究人員逃到美國，某種政治流亡。

　　經濟？在法國幾乎不被看作是一門科學，反而是藝術。2008年，這些前往美國的法國人之一夏波里（Pierre-André Chiappori），應法蘭西人文學院的要求，評鑑法國公立高中所使用的教科書：對於大多數的法國人來說，這將是他們唯一的經濟入門課。從這份由夏波里聯合幾位經濟學家一起做出的報告中得出的結論是，教科書除了教學以外，什麼都有；全都忽略這五十年來經濟知識方面的進展。有些充滿馬克思主義的意識形態，直到不再和真實世界重疊，也不再把蘇聯的消失考慮在內。所有人都把科學的、試驗過的、數字化的經濟理論和或多或少針對性的評論者的意見，放在同一平面上。從這些教科書可知，所有意見都一樣，它們是知識的等值物，讓學生去進行事實與意見之間的民主選擇。經濟從來就沒有被當作一門科學，它也不夠完善。這份經過幾位諾貝爾經濟學家簽署的報告的主要結論是，最好什麼都不要教，也好過讓高中生相信這是人家教他們的經濟。一份沒有後續的報告：在法國，經濟學還是被給予的（dispensée），要嘛像戰鬥的意識形態──極端自由主義對馬克思主義，國家主義對世界主義──要嘛像管理公共財物的藝術，就像他們在 ENA 不斷灌輸的一樣。夏波里觀察到，在美國，經濟學家同時是研究員，也是教師。他不被禁止在媒體裏表達自己對公共事務的看法，但這不

是做經濟學家的評論員。反觀在法國，經濟學家既沒有地位，也沒有定義。談論經濟、表達一個被證實過或非事實的意見的評論員，都被看作是經濟學者。

2005 年，被著名研究員，如奎斯內理（Roger Guesnerie）警告的德維爾潘政府，已經瞭解到有過一段輝煌時期——從賽伊到梯若爾——的經濟學科，已經快要從我們的大學消失了，而真正的經濟學家都將前往美國。為了止血，於是成立了一個高水準的機構，而為了「世界化」，於是取了一個英文名稱，叫做 The Paris School of Economics。由於法國是不變的，就算當它變的時候，也是不變的，因此一筆重要的預算被撥給了巴黎茹登（Jourdan）大道上的一棟優雅大樓的建造，卻幾乎沒有任何預算用來邀請外國研究員。因此這是法國自己風化了。

可能有人會反駁我說史丹佛、倫敦或巴黎所完成的科學進步，對所有國家都有好處，而且自從經濟學家所鼓吹的世界化，理所當然地為最貧窮的國家帶來利潤以來，他們就發現了這個現象。我們應該將就發生在法國之外的研究嗎？「經濟只被視為是『美國的』科學」的風險，將變成真的：受其教科書毒害的法國人及評論員，將越來越無法瞭解為什麼成長要透過市場與競爭。這個對於經濟即科學的無知，最終將有利於在政治上濫用錯誤輿論的招搖撞騙者。最後，無知變成不景氣與失業的基座，甚至讓人以為市場經濟只對盎格魯薩克遜有用，讓不景氣與失業狀況更加嚴重。於是蒙昧主義（obscurantisme）盛行。

我們對蒙昧主義有什麼瞭解？只瞭解它看起來很像是科學的詞彙。馬克思（Karl Marx）聲稱他的社會主義是「科學的」，說

法國的社會主義者是「烏托邦主義者」，在他那個時代，他們只是有理性而已。就算蒙昧主義者這個詞彙看起來像科學，但它們的方法卻從來不是：它們的方法要求的是矛盾辯論（débat contradictoire）。比方說，對於生態學家來說，駁斥 OGM（基因改造）或氣候暖化之生態信念的生態學家，被當成是「否定主義者」，不得討論這個議題。在一次文學企劃中，我被二位生態學「研究員」質疑，因為我竟敢在 2001 年出版了一本名為《Le Progrès et ses ennemis》的書；我試著向他們解釋 OGM 的好處。白費勁。我以為地位中立的主持人費爾內（Frédéric Ferney），竟問我是哪個企業給我酬勞的。他沒有想到我們可以禁止 OGM 又不必受雇於 OGM 的生產者的那一刻……這位記者的蠢話就和經常由媒體散播的下流指控一樣下流，這類指控認為自由主義的唯一目的就是讓大中產階級的利益合理化；主張自由的知識分子，只是出生於這個中產階級或由中產階級給予報酬的僕人。這完全不適用於我個人的情況，但卻頗有馬克思聖經（vulgate marxiste）的味道，根據馬克思聖經的說法，沒有人會自行思考，因為每個人都由他的階級決定或喪失選擇權。費爾內的例子讓我覺得十分遺憾，我唯有關掉我的麥克風，向同伴致意，然後直接離開講台。在那一刻，那不是我應該「直接」離開的法國嗎？

　　在生物學領域，有大批人才向美國外流，也像經濟學領域那樣帶來壞處。法國研究員到底外流了什麼？環保的恐怖主義。當我們知道致力於 OGM 研究的實驗室已被綠色突擊隊（commandos Verts）系統性地摧毀時，這個字就不太強烈。在法

國，我們再也不能沒有風險地說或寫「OGM 已經根據一種技術——接替異種雜交的基因改造——確實地改變了農業」這句話。在 OGM 之前，為了預防螟蛾蟲害，玉米農夫必須在他們的田裏噴灑農藥：農藥滲入土裡，而 OGM 會消失。唯一的受害者是毛蟲。沒有 OGM，中國與印度會陷入飢荒；富裕國家的消費者只會為玉米的衍生產物付出更多的代價。OGM 構成了一個可比醫療界抗生素革命的科學革命。但大多數法國人都說反對 OGM，卻不知道那是什麼；他們在拒絕食用的同時也在食用它們，因為那些食物含有以 OGM 為基礎的玉米或大豆的所有衍生物。一個一個冒失輕率的政府，無論左派或右派，都反對使用 OGM 種子，卻沒有禁止食用：2015 年，關於 OGM 的研究在法國被禁止，但進口卻是自由的，蒙昧主義的成功與生態學家的勝利，大自然新宗教的教士。在這個宗教信仰當中，OGM 佔有魔鬼的位子：摧毀 OGM 田與實驗室，而生態學家致力於降魔除妖。大自然的宗教信仰不只解釋這個妖魔化，基因改造種子的主要生產者孟山都（Monsanto）碰巧是美國公司。既對於消失的世界念念不忘，又同時是反資本主義與反美的生態學家，把孟山都比為撒旦。對抗 OGM 的戰爭也被導向對抗美國資本主義，這本身會是可以接受的：反資本主義與反美國主義都是具有公民權的意識形態。但為什麼不承認是這樣呢？或許是為了享受一方面進口 OGM 所帶來的具體好處，一方面又要揭露它。政府呢？為了贏得宗派的票而讓步。農民呢？放棄可以改善他們的產量的 OGM，因為一家法國開發公司實際上就是一個被歐盟保障收入的官員。因此，因為進口，法國人從 OGM 的革命中得到好處，

但不生產，遵守一個被認為是不可觸犯的神祕特性（Nature mystique），由巴西人、阿根廷人與美國人替我們開發。按照這個偽善、這個恬不知恥、這個無知──還有什麼呢──在法國的研究被消滅殆盡，實驗室與研究員都去美國了。在法國，人們再也不生產種子，再也不出口種子了。

假如在巴斯德（Louis Pasteur）時代，社會上普遍瀰漫著禁止在不知道結果之前進行任何冒險的生態學教條與「預防原則」時，他會怎麼做呢？他會離開前往美國，在那裏進行狂犬病疫苗的實驗，如同蒙塔涅（Montagné）教授在分離愛滋病病毒之後，為了延續他的研究，就移居紐約。在那裏賺錢嗎？法國人願將就付一個足球員世界級的薪水，卻不願付給國際級的經濟學家或生物學家。

另一個被所有法國領導者贊同的重大生態事業是「氣候變遷」。生態學家最近用「變遷」取代「暖化」：暖化會引起爭論，而變遷不會，因為氣候不停地在變化。維隆（François Villon）在 1460 年寫下「昔日的雪何在？」這句話。2015 年 12 月，趁著在巴黎召開的氣候變遷高峰會，外交部長法畢斯（Laurent Fabius）在奧賽碼頭（Quai d'Orsay）的一些柵欄上，在最普遍的世界語言中間，掛上一些牌子，上面寫著：「都是為了氣候」（tous pour le climat）。有誰敢反對呢？標語代表可以自在地在所有語言中被翻譯且每個語言都不具任何意義的優點。除了承諾從現在開始至 2100 年減少二氧化碳排放量以外（咸認這個氣體傷害了我們的地球），我們在法國領導人身上既沒有看到科學的研究方法，也沒有真正的信念。事實呢？法國在核電生產

方面領先全球；對煤炭發電廠的整個限制只對國營企業 EDF
（法國電力公司）有利。因此 EDF 便投入反對二氧化碳的宣
傳，並以企業利益進行的集中「研究」佔領媒體。相反的，Total
（道達爾）則主張在中央高地（Massif central）開採頁岩氣：這
個氣體的能量也能降低二氧化碳的汙染，但 Total 為國家賺得的
利潤低於 EDF。類似的工業對立與國家的涉入，都不是法國專
有的；真正是法國的且讓我受不了的，像法畢斯的標語一樣，是
學說上的姿態，錯誤的使用，卻又只在於錢。這些有關經濟學、
生物學、氣候學的錯誤使用，最終只為活在自己宣稱的理想裏的
社會下了一個定義。身為法國人會不惜一切代價要求人們為五斗
米折腰嗎？

　　為了指出這個精神分裂症的國家狀態，社會學家莫蘭
（Edgar Morin）在 1965 年創了 "néo-archaïsme"（新古風）這個
詞：我們進入摩登世代，只要保留舊裝潢就可以了。莫蘭把它的
分析建立在布列塔尼的一個村莊——普洛澤韋（Plozévet）——
的行為上。村民一方面重新建造了一些之前被摧毀的假煙囪，一
方面採用中央暖氣。於是，整個法國都變成新古代了：他們讓人
以為棍子麵包是從麵包店出來的；路易威登（Vuitton）的名牌包
是法國師傅手工縫出來的；乳酪是從農場出來的，它其實是在工
廠成型的。法國廣告稱許這個新古風，而美國廣告卻強調效率與
東西的價格，這可真是嚇人的對比。新古風深入一些最意想不到
的地方。受邀參觀戴高樂號核動力航空母艦——法國艦隊的旗
艦——的我，對於它前衛的機艙被隱藏在凡爾賽風格的珍貴木頭
鑲板後面感到很驚訝：一艘核能驅動的船艦，卻像一艘帆船。同

樣在最新的美國航空母艦雷根號上巡航，機艙與裝備都沒有被隱藏起來：美國的現代化引人注目，裡面的東西看起來都像是真的。這樣比較好嗎？這樣比較坦誠，說的話與事實吻合（言行一致）。通常，為了讓人瞭解我的二個國家之間的不同，我都會比較巴黎的橋和紐約的橋。在巴黎，人們都會用一些石頭、雕塑來裝飾橋梁，增加美感，反觀紐約，則露出橋梁的結構、鋼索、螺絲釘。紐約的橋就是橋而已。

　　法國的新古風是現代性與反對現代性的一個奇怪的結合，就像達第電影裏騎著他的 1913 年 Peugeot 單車的郵差，既愛美國又反美國。在法國，既然一切都照規矩來，難道不該強制麵包師傅貼出「早上解凍」，而不是「剛出爐」的警語？巴黎市內，只剩下十來家左右真正的麵包店，麵包界的高級訂製服，訂價和它的真實性一致。同樣情形也發生在餐廳：老闆在菜單上標示古法燉牛肉，卻沒有說它是從大盤商那裏批發來的真空包裝牛肉。主廚（如有的話）很少在廚房。法國人能夠將就，或許因為他們忘了麵包與燉肉的味道——對於從來沒吃過的最年輕的人來說是可想像的——或許因為新古風符合從工業化所帶來的優勢價格中得到好處，同時又能假裝還是高盧人的集體欲望。美國人就不是這樣。我們當中每一個搭巴黎計程車的人都會聽到司機抱怨 Uber 的競爭，嘴裏嚷著「我們不是美國人」；但同樣有人說「我們都是美國人」，就像《世界日報》總編輯科隆巴尼（Jean-Marie Colombani）在 2001 年 9 月 11 日紐約與華盛頓恐攻隔日，為了團結，寫下的那句話。用一種更庸俗的形式，在日報上說我們是美國人，一如 Uber、Facebook、Google 與 Tweeter 的成功所證明

的。但也有一些無恥的美國人。有人一方面接受我的言行一致，一方面不接受我同時成為法國人與美國人。對於大多數其他不會回到法國的人來說，人才外流是單程機票。

第十七章

其他地方的法國人

　　對於法國人來說，有很多離開法國前往美國的壞理由，在有人來譴責我之前，這些都沒有在我的腦海中閃過。很多人問我有沒有逃避過反猶太主義。我從來都不覺得自己是猶太人，直到反猶太主義（無論是想像還是真實的）決定了我的選擇。我一直以來都贊同丹尼爾（Jean Daniel）格言。被責令表態支持或反對以色列國家建國的《新觀察家週刊》總編輯，雖然是猶太人，卻把自己定義為"a-sioniste"（非猶太復國主義者），拒絕就以色列或猶太教的身分定位。同樣的，我也是一位積極的 a-sioniste，我認為，身為猶太人與不可知論者，我可以把以色列視為另一個民族（nation）。一個 a-sionisme 的家族：1933 年，當我雙親逃離德國納粹時，他們當時都沒有想到要前往以色列，二次大戰後也沒有。他們對於回到錫安山（Sion，譯註：位於耶路撒冷南部的一座山，常被作為以色列及耶路撒冷的代稱。）的心情不是那麼的虔誠，而且太根深蒂固於中歐文化，它的咖啡館與歌劇院之中，而無法把自己埋沒在到處是阿拉伯城市與村落的沙漠中。我

的家族成員中，於 1900 至 1938 年間離開德國、波蘭與奧地利的，大部份都選擇前往美國、英國、比利時、澳洲、巴西、法國，很少部份的人選擇去當時叫做巴勒斯坦的地方。我們叫它巴勒斯坦（Palestine），是因為這就是這個原為鄂圖曼殖民地、之後是英國殖民地的名字，也因為我們以前就知道巴勒斯坦住滿了巴勒斯坦人：它既不是處女地，也不是空城，就只是窮。巴勒斯坦一直到 1947 年獨立戰爭之後才變成以色列，而大多數巴勒斯坦人都被從這個地方趕走了。但還是湊巧有一個叔父在 1933 年就從波蘭來到巴勒斯坦。他是猶太復國主義者嗎？在 1933 年，一個猶太復國主義者就是一個無神論的猶太人，所羅門叔叔剛好符合這個即將在當代猶太復國主義者身上消失的要求。這個原始猶太復國主義的另一個明顯特徵：對於光榮十字架瞻禮（corps）的狂熱，明顯和律法書（Torah）經文上的虛弱又像羊皮紙一樣堅韌的猶太人相反。所羅門叔叔選擇了巴勒斯坦，因為他是波蘭猶太人運動俱樂部的一員。是運動的愛好引他前往巴勒斯坦，他在那裏建立了一個運動員王朝，我堂哥納群（Nachum），是游泳選手，是最早代表以色列參加 1954 年赫爾辛基奧運會的運動員之一，他是我們家族的英雄。

　　沒辦法，我父母就是不喜歡戶外生活，總是喜歡住在大都市。我很感激他們，也遺傳他們對於都市混亂的愛好。當我去以色列，無論是度假還是開會，到我那大家族去，儘管已是已開發國家，我覺得天空似乎還是太藍，大自然太無處不在了。我這裏說的是地中海岸的山坡；山與東方這邊，包括耶路撒冷，都變成另一個國家，一個部落地區，在這裡，一些偽裝成穆斯林基本教

義派的穆斯林基本教義者，和十九世紀化裝成猶太人的猶太教基本教義派正面衝突。我不喜歡這些猶太教基本教義派。他們不僅穿奇怪服裝，還把這套可笑的服裝硬傳給他們的小孩，隆夏穿著羊毛襪，把他們的妻子變成生育動物，戴著假髮，一年到頭把自己包在過長的袍子裡。

假如我突然真的得離開法國──這並不在我的計畫之內──人家會懷疑我要去的終點不會是以色列。我內人還更不是昂熱人。必須要強調這點，是因為美國報紙都讓人以為（有時法國報紙也會），反猶太浪潮讓五十萬猶太法國人嚇壞了，紛紛逃離法國。我們左看到《紐約時報》、右看到《華爾街日報》都登著這些胡言亂語。這些報紙刊登了一些不具代表性的法國猶太人的證詞，說他們再也無法安全地在法國住下去了。前蘇維埃分離分子夏蘭斯基（Natan Sharansky）所領導的耶路撒冷猶太建國會（Agence juive de Jérusalem）聲稱，這些「升」往以色列的法國人人數正不斷攀升，從 2000 年代的四千人到 2010 年開始的七千人，在 2015 年的圖盧茲與巴黎恐攻之後更急遽增加。有些美國猶太人看著這些零散的訊息，問我，對我和我的家人來說，提前大屠殺會不會不明智。聽到這些，我真應該馬上離開法國，前往二個同樣猶太的應許之地──特拉維夫與曼哈頓──之一。必要時，就去邁阿密。我對這個恐慌沒什麼感覺，它毫無根據。

最近幾年，法國有些猶太人受到襲擊，就因為他們是猶太人。但被邊緣的、被歧視的、被當成辱罵攻擊目標的穆斯林或羅姆人（Roms）怎麼說呢？抑或 2015 年 1 月《查理週刊》與 2015 年 11 月 13 日巴黎的巴達克朗恐攻的受害者怎麼說呢？被殺的人

是因為是法國人，不是猶太人呀；就算當中有猶太人，恐怕也沒有人特別把他們標示出來吧。因為所有被襲擊的猶太人都無可避免地會反映到大屠殺，因此沒有理由做出全球性不安全、或在德雷福斯事件與貝當元帥的國家裏又出現新的反猶太主義的結論。恰恰相反，我覺得制度版的法國舊反猶太主義好像消失了。是的，消失了。在法國，幾個世紀以來，反猶太主義就是一種被天主教會、君主帝王、反德雷福斯的軍隊、1938 年以來及在維琪政權下的國家所標榜的官方學說。在我們的歷史書裡，因為終結了猶太人的合法迫害而著名的格雷戈爾院長（abbé Grégoire）與拿破崙，則不這樣認為。直到 1945 年，維琪政權中反猶太知識分子界的發言人布拉吉拉克（Brasillach）被槍決的那年，在法國，作為反猶太的知識分子、記者、藝術家、政治家都還是合法的。布拉吉拉克的處決點出了這段歷史的象徵字詞。席琳（Céline）吐露猶太人的怨恨吐露了好幾年，但再也沒有人聽了。

　　法國的整個仇外風氣會消失嗎？當然不會，在法國或其他地方都不會，但種族主義的拙劣作家改變了目標：從此穆斯林成為標靶。他們將會覺得遺憾這些抨擊文章的作者當中，有些還是猶太人，如澤穆（Éric Zemmour）或芬基爾克羅（Alain Finkielkraut）之流，因為這些人應該要瞭解他們的恨加諸在別人身上的痛。我們瞭解，但不接受一個流亡自馬格里布地區（Maghreb）的澤穆，會有什麼帳要和法國的阿拉伯人算。一個芬基爾克羅——名人、院士、波蘭裔猶太人——要把高貴智慧的代用品授予排外心理，真是頗讓人困惑；他那捍衛法國文明，對抗「多元化」——昨天我們還稱之為住在雅典的外國僑民（métèque）——的行

徑，讓我覺得比國家前線的一般民粹更要命。國家前線呢？自從勒朋（Marine Le Pen）將他父親趕出國家前線，就不再反猶太了。法蘭西國（État français）呢？長達一千年的時間，都視猶太人為仇敵：它變成了他們的保護者（我們寧願相信最終的一個歷史轉折），如同天主教會的轉向，自梵蒂岡二世開始親猶太人。

　　有些年輕的法國穆斯林，有時是少年，會責罵法國的猶太人，只為了在我們的城市中造成以色列人與巴勒斯坦人之間的衝突，這真的是悲劇；但千萬不要將這些被國家制止的侵犯和曾經是但不再是反猶太主義的東西搞混了。同樣的，我拒絕將反猶太主義和反猶太復國主義混淆，因為被控犯了禮儀罪，人人得而誅之的「釘死耶穌」（deicide）的猶太人，是神話的創作，而巴勒斯坦人是真實的人，不是神話的投射。大多數的猶太人都瞭解，因此他們留在法國。猶太建國會（Agence juive）的統計呢？統計顯示恐慌並沒有戰勝猶太人。讓我們接著下去：在法國的歷史中，從來沒有猶太人那麼舒適地活著，沒有被保護著不受群眾的暴力與集體的怨恨襲擊。昨天，警察逮捕了猶太人，今天制裁反猶太主義者：真是可惡的差異。猶太建國會──猶太復國主義宣傳的一個工具──在其與事實略有出入的統計中，沒有估算每年回到法國的猶太人有多少，為了家庭或經濟因素而來回的有多少。猶太建國會沒有說，有多少猶太人帶著和希伯來民族一樣古老的宗教熱情，出發前往以色列，這和法國的某個反猶太主義的大爆發沒有關係。猶太建國會也不說清楚的是，既然國家歷史上頭一次有這麼多的法國團體在法國以外的地方建立，那麼到底有多少離開法國前往以色列以外地區的猶太人，其行為會十足像所有其他

法國人。

今後將有數百萬法國人（有人估計約四百萬），為了經濟的理由或為了發現其他天空、其他文化，而長久住在別的地方：法國不再是六角形法國了。這是前所未有的。在美國，除了廢除南特敕令（Révocation de l'Édit de Nantes，譯註：廢除南特敕令為法蘭西國王路易十四於 1685 年 10 月 18 日所簽署頒布的一條敕令，他認為要獲得無上的權力，就必須統一法國人的宗教信仰，因此他推翻了祖父亨利四世所頒布的南特敕令。）後的胡格諾派流亡紐約以外，法國是歐洲唯一沒有為美國的移民做出顯著貢獻的國家。某些例外很有名，如第一個寫有關美國的作家德克雷夫·柯爾，與出生於曼斯（Mans）的最高法院首席院長杰伊（John Jay），但這些例外都是獨立的。也許我們在相對富裕的小地主國家——法國——還頗自在，不會想要離鄉背井，和瑞典人、愛爾蘭人、普魯士人或最近的西西里人不太一樣。我們突然間變得有點像西西里人，想在別的地方尋找我們國家再也沒有的活力。這些在法國以外的法國人，透過他們的語言、他們的文化、他們孩子的教育，以及自薩柯奇開始給予他們的選舉議員的權力，並不比法國人更不法國。那些法國人也創造了法國；他們和在法國的法國人一樣法國。我也是在法國以外的法國人，我從來沒有感覺自己有哪一點不是法國人。我覺得拿二本護照，似乎變成不一樣的法國人。

這個會干擾法國的虛擬反猶太主義，不是我選擇美國作為第二個生命的原因。避稅流亡也不是。假如聽不到流言蜚語，這個主題也就不值得討論了。恐怕有幾千個法國人是為了逃稅而拋棄

我們的國家：歌手、電影明星、運動明星或退休的企業家、巨賈。美國因為不對遺產課稅，因此這些巨大財產的持有人都逃到這裏來。稅法律師建議他們定居佛羅里達，一個也不課所得稅的州，和紐約或加州相反。但我很同情那些依照稅務等級來安排他們生活方式的人，儘管他們家境也頗為殷實。我不知道，在邁阿密，我可以自由使用的收入是否會增加，但我寧願向讓我汲取能量的布洛涅比揚古和紐約繳稅，也不願為了少繳點稅而在棕櫚樹下面煩惱得要命。實際上，對於我在內的其他地方的三、四百萬法國人來說，稅制不會決定他們的選擇：大部份的人都不是有錢到讓繳稅來決定他們生存的地方或品質。或者，就是一些平庸的會計：在美國絕對不需要尋求避稅流亡。比較二個國家，對於單身或一個中等收入的家庭來說，在付完所有公用事業費用以後，可自由使用的餘額是相等的。只考慮徵收率（taux de prélèvement）並沒有辦法提供任何資訊，這些比率美國比較低，但是在法國，強制徵收會資助教育、醫療保險與退休金。在美國，這些都沒有。整體而言，在徵收後，個人可有效使用的收入是差不多的。對立面就很嚇人。醫療與教育兩地的費用差不多，只有利潤的分配（répartition des profits）──美國醫生收入優於法國醫生──與資金的流通（circuits de financement）是有區別的。

　　我們兩個國家之間真正的對比不是財政方面，而是哲學與公民方面。在法國，每個人都必須替所有人支付健康與教育費用，這減少了不平等：法國是整體結構。在美國，每個人都只付自己的，其總金額和法國納稅人支付的總金額相等，但他們可以用比法國更自由的作法選擇他們的學校或保險。

　　這個選擇的自由顯示出美國社會的特徵，而不是它的成本。大多數的美國人都對此感到滿意——這也是美國沒有社會主義黨的原因——而法國人則將就於不做選擇，由國家代替他們選擇，特別是透過加入社會保險單一體系的義務。因此對於那些想要避稅逃亡的人來說，我不建議美國，尤其是紐約州，因為這裏的地方稅加上聯邦與國家的累進稅的總負擔，和在法國的負擔相當。對於雙重國籍者來說，有一個避免雙重課稅的協議，可以讓他自己選擇他要繳稅的國家。惟假使證實其中一個國家徵稅高於另一個國家，那麼沒有繳稅的國家則有權要求差額。我選擇繼續當法國納稅人，沒有計較，因為我在法國當了一段頗長時間的公務員，因此我覺得在我執行這個職務的地方繳稅似乎比較合理。

　　我忘了國民陣線！有些人是因為這個黨的選舉進展而離開法國。但這個政治舉動總是存在於各種名稱之下：法國社會總是被分為三個部份，期待國家的一切的社會主義、比較是自由主義的中產階級，以及被排除者或那些自覺被排除者的「沼澤派」（marais）。只有命名是根據形勢與領導人而改變的。把他們的社會邊緣化歸咎於「體制」或某個替罪羔羊的被排除者，可以是貝當派、共產主義者或陣線主義者（frontiste）。但新的國民陣線可不是。假如它掌權了，我會趕緊回到法國與之對抗。更有可能的是它還是留在邊緣——抗議者的黨；它可以在這裏實施和計畫類似的東西，它的無能將很快把它重新帶回到共產黨的低水位。為了躲避國民陣線而逃亡，似乎和 1981 年被密特朗嚇到的年金退休者逃到紐約豪華飯店的行為一樣過分；選後二年，他放棄了他的馬克思計畫。假如勒朋（Marine Le Pen，譯註：法國律

師及政治人物，歐洲議會議員，曾參選 2012 及 2017 年的法國總
統選舉。）意外達到某個高峰，她將在二年之內陷於平庸之中。
三分天下的法國，永遠都不會成為一個；將會留下二個，以容納
它的野心，以及將它帶回理智的現實。

　　既然不是因為反猶太主義、稅務問題或國民陣線，那帶著這
麼多法國人前往美國或其他地方的，會是隱隱約約對於衰退的害
怕嗎？法國停滯不前：政治、經濟、大學、藝術都一再重複。假
如不是最近的移民或失業的工人，整體都還在建立一個小確幸的
文明，一個充滿奇蹟的景況。有人問我覺得哪裏是世界上最美的
地方，我豪不猶豫地回答阿韋宏（Aveyron）縣的孔克修道院
（l'abbaye de Conques），那裏有豐富的皮耶蘇拉熱（Pierre
Soulages）黑白彩繪玻璃。這個地方結合了中世紀的工程與當代
的工程：法國文明的極致。但法國人消費他們的遺產，沉浸在日
漸衰老的星光之中，再也製造不出令人雀躍的大事。能量耗盡，
馬諦斯（Matisse）死了，布萊茲（Pierre Boulez）也死了，容我
提一下法國遺留給世界的最後幾位創作大師。發明者的天份在美
國更加值錢，大學教師與藝術家也是。在經濟上，那些聰明的買
家被看作是偉大的企業家：人們引為典範的皮諾特（François
Pinault）家族、阿諾特（Bernard Arnault）重新洗牌了，但遊戲不
就是一場零和遊戲？在美國恰恰相反：企業主不回收舊東西，他
們創造新的。藝術呢？我們看到所有法國電影工作者、作家、造
型藝術家、演員或歌手都來到紐約尋找認可。他們在百老匯登
台，有時在空蕩蕩的表演廳或冷漠的觀眾前，但這樣的巡迴可以
讓他們帶著曾在美國表演的光環回到巴黎，不一定要等到成功。

我們在法國創造，但美國接受。在法國，二個世代以來，政治生命已吸引不了最優秀、最大膽的頭腦：沒有人敢和「法國模式」——這個帶有失業的社會主義的轉弱形式——決裂。和衰退期相似的唯一反常的美德是慢，幾乎無可感知的慢。還好有重要的累世遺產，並且受到歐盟，尤其是我們的救生圈——歐元——的支持，法國方免於沉淪，卻又風雨飄搖。幸虧有歐洲，我們雖停滯，但沒有後退。假如法國離開歐元，或者假如歐元，像無知者向二個極端立場所建議的，不再做為可靠貨幣，那麼我們就會像希臘一樣完了。

　　衰退期的特性是只會被感受到它的終期。古羅馬人一直到蠻族入侵之後，才瞭解自己的衰弱。但是和**衰退主義**（déclinisme）相反的是，我不覺得這個衰退是不可避免的：1970 年代的英國與德國，也曾度過類似的不景氣，方於 1980 年代重新站起來，而法國人就在這段時間裏錯過了全球化與自由主義的轉變，在十四年之中選了一個嗜古的總統。但一些國家的不景氣都靠自己照顧。法國的復興需要的是一些知名的修正措施，但，目前，無論左派或右派都不受歡迎。有三個修正比較具決定性：促進工作權的演進，已符合未來的經濟而不是以前的手工製造業；允許公共部門之間的競爭 [1]，包括教育機構與醫療保險局；以一般最低收入取代錯綜複雜的社會救助。這些論點已於另處說明 [2]，此處就

---

1. 見梯若爾（Jean Tirole）著 *Économie du bien commun*, PUF, 2016。
2. 索爾孟著 *La Nouvelle Solution libérale*，Fayard, 1998。
　柯洛齊亞著 *La Société bloquée*，Le Seuil,《Points》, 1970。

不再贅言。這個研究角度是極端自由主義的嗎？它只是以事實本身為基礎：在別處成功的東西，對法國來說也很有價值。人們知道什麼該做，但有誰能讓人瞭解及接受這些變化呢？沒有任何可靠的「救世主」出現，與其期待救世主，更應期待的是教育學家。

　　也許等就夠了。柯洛齊亞（Michel Crozier）說了，要讓社會自行「解禁」，必須經過一代。每一代都會把它在年輕時繼承的世界觀永遠傳下去：我的世界觀在右派的國家崇敬與左派的馬克思主義崇拜中成形。接下來的一代將比目前的一代更世界化、更多樣化。輪到他們了，他們不會把法國美國化，而是與時俱進，與之重新修好。當然，我們還是會有所區別。這就是我在紐約時所看到的。在法國，我被當成「美國人」；在美國，我被看做是法國人。2015 年 11 月 13 日的巴黎恐攻之後，我的紐約鄰居們紛紛向我表示他們的同情。當有人請我在美國公開談話時，最常談的內容就是法國或寫關於法國的東西。在美國，我變成一個「真正的」法國人，一個公共知識分子的原型。每一天，我都為此會心一笑。

第十八章

資本主義傻瓜

　　我現在是大西洋兩岸的轉包商（entrepreneur），一個表示「不同做法」（pratiques distinctes）的詞。有多少讀者懷疑呢？在法國，很少作家——就一個端木松（Jean d'Ormesson）或一個韋勒貝克（Michel Houellebecq）——靠他們唯一的著作權過活。所有作家，我們大家都需要第二職業。有些人教書，有些人是記者，較稀有的是轉包商。受到塞爾凡－施雷伯的鼓勵，我在1972 年成為報紙的發行人，並且自此，成為我自己的資助者，這讓我想寫就寫，不想寫就不要寫，完全自由。在美國，我繼續了這份自由，為了讓美國人更瞭解法國文化，於是將二份以法國為主題的雜誌重新發行：1943 年由自由法國人（Français libres）創立的《France-Amérique》及自 1983 年起由駐華盛頓大使出版的《France-Magazine》。為了親法的美國人，我將它們融合成一份雙語雜誌，而對於親法的美國人來講，法國是一個夢想，也是他們可以在此批評美國的烏托邦。在美國，法國文化的闡明就靠我們的雜誌與私人機構——法國文化協會（Alliances françaises）。

2013 年，第一次和《*France-Amérique*》工作團隊的碰面有點尷尬：他們不認識他們的新老闆，而我之前也從沒有和他們碰過面。在美國，人們購得一個企業時就知道，可以不用補償，立即遣散職員。但這個團隊很優秀，我應該說服他們留下來。在美國，人們和他的合作者之間的關係，一直和法國的不一樣。千萬別想以擁有至高權力的老闆姿態出現，員工隨時都可以把你給甩了。他們生活在一個比在法國更強烈的不確定之中，而我也是。以經驗來講，我覺得整體的結果似乎更有活力，老闆和員工都動起來。因為知道在法國，無論企業的命運或員工的進展如何，所有工作契約幾乎都是最後的決定，因此我盡可能不要招募。參考的典範就是法國嚮往的公職人員。在美國，遣散越不需任何程序，我招募越容易：當有我們很珍惜的員工說他馬上就要離職，因為他找到更好的工作或不再支持你的時候，這個老闆夢就變成惡夢了。我就發生過這種事。但美國不因此就是裙帶資本主義（capitalisme sauvage）之地。社會與稅務部門對於雇主的騷擾，在二國差不多，而法規在美國與法國都一樣鉅細靡遺。我無法斷定一個資本主義優於另一個；我觀察到也看到他們的不可約減的區別，法國的法國老闆，美國的美國老闆。我看不到二者有趨近之處，這對於已經有一份工作的法國人及享有營利的老闆來說，是讓人放心的，但對於其他所有人來說則令人失望。再來瞭解一下為什麼法國人平均比美國人窮，法國平均年收入為 4,3000 美元，而美國是 5,5000 美元。難道純粹因為法國人工作得比美國人少嗎？

我在寫這章時，剛好是美國總統大選的時候。當重新和所謂

的 French bashing（反法國）傳統搭上關係的傑布‧布希（Jeb Bush）州長暗諷他的對手，佛州參議員馬可‧魯比歐（Rubio），以法國的方式，一個禮拜只去辦公室三天時，我正在埋頭苦寫。法國人真如他們在美國的名聲，給人的印象那樣懶惰嗎？按統計學觀點，傑布‧布希是對的。法國人平均每週上班三十九小時，相對於美國人的四十二小時，是有比較悠閒一點，但以較高的生產力來補償。不是因為法國人比美國人活躍，而是因為法國企業比美國企業更自動化。法國的高勞動成本與短工時，導致企業主必須比美國對手更資訊化與機械化，才能達到相近的成果。例如，雖然一個法國汽車工人工作時數少於美國工人，但製作一部汽車的費用，在法國卻幾乎不會比在美國昂貴。但，整體而言，法國的平均收入還是比美國低了四分之一，因為我們工作時間較短。經濟，也（幾乎）跟這個一樣簡單：在類似的技術發展程度上，一些國家的富有程度係按這些國家的整體工作量來計算。法國人會選擇要比美國人貧窮嗎？有些人做了這個選擇，然後把它強加在國家的其他人身上。

同意休假的部份，在法國是公會主導的抗爭勝利的結果，工時的減少是國家社會主義的基石。在美國，工會不主張休假，而是提高薪水。如何解釋我們二個國家中這個相互矛盾的工作與金錢的關係呢？政治力量的關係是一種解釋，但是是表面的。另一個比較有說服力的原因具有長久歷史的特性。美國人是公開表明或不被知道的喀爾文派。在美國，工作本身就是一種價值，這促進了經濟發展的動力。休假是其次。難以想像的是在法國，大學教授──雖是個例子，卻頗具象徵性──從來不是退休時離職，

而在美國，這卻是正常的。近期的移民還比「土生土長」的美國人更將這個美國文化內化。相反的，法國人是不做彌撒的天主教徒。這個表面的不可知論並沒有阻礙他們將法國天主教教會的價值永遠延續下去：舊制度（Ancien Régime）並沒讓工作理想化，而是被看成一種處罰，它也慶祝很多很多和崇拜聖人有關的節日。請回憶一下拉封丹的寓言《補鞋匠與富翁》（*Le Savetier et le Financier*）中的補鞋匠，三個世紀前就在抱怨「人家很快樂地把他毀了」。教會禁止他在許多強制停工的日子工作：「某個新聖人的神甫先生一向負責講道。」高中時把這個寓言熟記在心時，我並不瞭解意思，也不明白隱含的意義；半個世紀後，我又想起它來了，以及它的整個結果。公會取代了神甫。

在天主教的遺產之外，再加上貴族的遺產。和盎格魯撒克遜及商人貴族相反的是，法國貴族是不工作的：這是要喪失貴族資格的。而，自從法國大革命以來，法國人民就不斷竊取貴族的特權；模仿他們的生活方式，從夏天的假期到餐桌禮儀。關於這個貴族模式，法國企業家的行為和美國企業家的行為是背道而馳的；在美國，人們玩創新，而在法國，人們玩的是想延續遺產，延續他們一代一代傳下去的年金的欲望。美國企業家的夢想，尤其是新科技領域的企業家，是創立一家企業，可以盡快地把它再賣出去，賺增值，而不是把它留下來，再傳給他的下一代。大西洋此岸的聖戈班集團（Saint-Gobain）或拉法基集團（Lafarge）和彼岸的谷歌（Google）：比爾蓋茲和賈伯斯都不是法國人，而大多數法國 CAC 40 指數的上市大企業，或多或少都跟美國的對等企業或對手同根同源。CAC 40 指數的企業平均年齡約一百

歲，而道瓊指數的美國企業平均年輕三十歲。大西洋兩岸不同的
公司法，更坐實這些根深蒂固的文化差異。在美國，企業的法定
目標是「為股東帶來利潤」。假如領導者忽視這件最重要的事，
就會招致法律懲處；股市上市大企業中，為股東追求利潤是最重
要的事。這也說明了為何美國企業領導人的薪酬都在同等級，在
法國難以想像的，在美國卻可以接受，因為其薪酬是按股東的股
息計算的。反觀法國的公司法則是規定領導人有滿足「公司（社
會）的利益」（intérêt social）的責任，這麼一個定義不明的概
念，法律原則也很少明確說明。這些法律的名稱本身就已說明了
二個資本主義的精神。

　　有一個還更重要的不同是美國「資產」（actifs）——人員
與設備——的彈性與法國這方面的不彈性；簡單地說，法國人沒
有美國人對於改變的熱情。在法國的情況中，這就導致一個必然
結果：政府的不停介入。美國企業主決定要開或結束公司，要招
募或資遣員工，都必須遵守美國法律的明確有時甚至苛求的法
規。為此，企業主要和行政部門建立關係，而不是和政府。反觀
法國，恰恰相反，企業主開工廠或關工廠都不知會政府部門，而
是至少要通知部長，甚至共和國的總統。總統，無論屬於哪個黨
派，為了回應比較對資本主義有敵意的輿論，理論上都會反對所
有歇業。對於法國人來說，沒有什麼比熊彼特（Joseph
Schumpeter）對資本主義所下的這個基本定義更晦澀難懂的了：
「創造性破壞。」1940 年，熊彼特擔任哈佛大學教授時，以最
簡明的方式，為所有成長的動機下了這樣的定義。但沒有任何一
位法國總統是或將是「熊彼特論者」（schumpétérien），每個總

統都利用納稅人的錢，拚命維持過時企業的生命，一邊還在那裏慶祝這些成就，殊不知，這些成就阻礙了一些未來職業的創造，對創新造成障礙。創新不只是一個修辭，它可以估量三元專利（brevets triadiques，同時在美國、日本與歐洲註冊）的數目。美國還是排在第一，每年有 80,000 個專利，等於整個歐洲；今天的這些專利勾勒出明天的世界將生產與消費的產品與服務。因此，二十一世紀還是美國的。

　　美國的資本主義難道沒有暴露在危機，甚至是馬克思所預告的最終危機之中嗎？沒錯，有助於冒險的美國資本主義可以讓企業、它的股東與人員陷入立即的危機當中。但他們會更快脫離危機。2008 年，經濟大衰退開始，美國的失業率在幾個月之內增加一倍；2015 年，它就消失了。只有美國反資本主義者對此感到遺憾，因為他們希望 2008 年的衰退能夠消滅市場經濟。在法國，社會資本主義所在地，失業率還是穩穩地嵌在 12% 左右，未滿二十五歲年輕人更是加倍。我們發現，在法國，政府每個月宣佈失業率，而在美國，政府卻是宣佈創造的工作數，顯然比較能顯示真正健康的經濟。

　　年輕的一代，教育程度最低，最不融入法國社會，是這個體制失業的第一個犧牲者，永遠不解的狀態：大都市附近到處遊蕩著無所事事的居民。要說住在那裏的人到就業市場以外的地方去尋找能給他們生命帶來意義的前途，我們也不會覺得驚訝。有人就要提出意見反駁我說，美國的資本主義沒有排除這些社會暴力的溫床，尤其是年輕非裔美國人身上。但這些暴力，主要是社區內的，是一段可追溯至奴隸時代的互長歷史的結果，而且，感謝

上帝，這個結果也越來越弱了。一直到 1960 年代的黑人社會邊緣化及其現在的資產階級化之間，是完全無法相比的。一個相對的資產階級化，但也遏阻了 1960 年代的黑豹黨（Black Panthers）或黑人穆斯林（Black Muslims）式的革命脈衝。一次對於純粹資本主義的違反——平權法案（affirmative action）——卻大大促進了非裔美國人菁英與中產階級進入工作世界，法國當好好仿效。

就讓我們堅持用美國用語吧，因為在法國所使用的翻譯「discrimination positive」（譯註：平權法案的英語為 Affirmative action）是沒有道理的：有誰贊成 discrimination，而它 positive 嗎？在美國，司法強制規定政府部門、教育機構、所有和聯邦制有關的企業，必須招募貧困的少數族群，初期以配額的方式，如今則以多樣化之名，這樣一個義務，代替革命，為黑人及其他被歧視者（如美國原住民——印地安人）開啟了一條朝向融合的康莊大道。大部份的美國企業現在都不再視這個多樣性是一種強制，而是一個王牌：文化的多樣性與每個人的經驗，都讓企業更具有想像力，更能與當時的社會相處得更好。在矽谷，所有資訊領域與社交網路的企業，都設有多元化主任的職位，不是為了政治正確或符合規定，而是因為資本主義的邏輯。這些也值得在法國使用的做法，卻被以世俗與共和宗教之名排除了，他們只認沒有過去、沒有歷史、沒有文化、沒有宗教，也沒有社區屬性的市民。促進機會平等（promotion de l'égalité des chances，2005-2007）部長助理貝加格（Azouz Begag）為了讓更多阿拉伯裔的法國人加入國家警察行列所做的努力，功敗垂成，因為我們的共和警察工會不想要被看成是警察的阿拉伯人。同樣的，巴黎政治學院十多

年來，為了接納「來自某些地區」的年輕人所做的努力，也沒有在其他「高級專業學院」（Grande École）激起任何競爭意識。由於共和理論比現實原則更佔上風，因此違法（transgression des lois）考驗著來自其他地方，一個在法國不正式存在的地方的某些市民，對此我們不會感到驚訝。

法國的失業及其必然的結果——暴力，是全世界都不會羨慕我們的勞動法（code du travail）的毫無疑問的結果，是我們拒絕看到多元性的結果，是忽視熊彼特原理的結果：三個因素匯集而成。因為辭退員工很難，因此要法國的雇主不要招募，這不是雇主的意識形態，卻是一種實驗證明。在法國和美國都有公司（Airbus、Hachette、Alcatel）的大老闆加謬（Philippe Camus），就曾在這二個國家遭遇到這種情況，他發現集體解雇或法國叫「社會方案」（plan social），在美國似乎比較合法也比較有效率，因為只需要一段短短的時間。在法國，長達數月的協商既沒有為員工帶來好處，這段不確定的期間也打消了他們轉行的念頭，整個企業陷入癱瘓。所有人都輸了。

法國的這個靜止的資本主義，鼓舞的是年金的追求多於創新：成功獲取市場份額者就此留下，並且很少會冒險把它轉賣出去或抽身離開。此造就了二百五十個員工超過五千人的法國大企業的繁榮興旺，也阻礙了員工在五百人到五千人之間的五千家中小企業的成長，而在美國，築起創新與職業溫床的，正是中小企業。法國法規的缺乏彈性，像個蓋子一樣重重蓋住這個成長的溫床，助長處於高位及留在高位者的年金精神。

大多數法國人由於缺乏基本的經濟文化而拒絕市場與競爭的

概念，我就不談法國資本主義的下一個演進：那就是為什麼我們那麼多敢衝敢闖的同胞都離開了。住在美國時，看到那麼多法國年輕人，因為在此找到一些原則上有利於所有新的或令人不安的事物的理財家與顧客，而試圖在這裏 start-up 時，心中還是感到頗為震撼。在美國，一畢業，教授就會鼓勵學生——商科、工程、研究員——成立自己的企業，通常都有大學的幫助，而且就在鄰近地區：1950 年代由史丹福大學所開始的一種模式，同時成立了一個校園共有工業園區，最終成為矽谷的核心。在法國，還沒有任何這樣的東西。在我們國家，我們比較吹噓被視為企業主之救助者的成功，因為他們利用低利率信貸，購買、集中、重新分配具有收益的資產，卻不一定要創造就業或附加價值。他們沒有幫助人們更瞭解什麼是**熊彼特派**資本主義。這讓我每天生活在這二種資本主義之間，而我的宗教建立起來了，不是透過意識形態，而是因為法式資本主義讓大多數不是來自「好的」社會地位的人——土生土長的法國人與融入者——被邊緣化。

法國人也頗能安慰自己，說什麼至少我們國家不受金錢控制啊，我們享有最優的價值，比如偷懶的權利啊。但法國認為美國就是一個金錢至上的社會之看法，被最近的一個美國怪事給翻轉了，那就是世界上獨一無二的「超級富豪」階級的出現。自十九世紀末開始，美國就有好幾位因真正的企業而致富的億萬富豪，如鋼鐵業的卡內基（Andrew Carnegie），石油大王洛克斐勒（John D. Rockefeller），鐵路業的范德比爾特（Vanderbilt）。一些企業家，如比爾・蓋茲或賈伯斯，也都具有相同的經濟邏輯特性，但他們的財富因為市場規模而倍增。卡內基或洛克斐勒的富

有程度都比比爾‧蓋茲低很多，因為他們只侷限在北美與歐洲。
而 Microsoft 或 Apple 卻涵蓋全世界，擴大了他們的營業額與利
潤。全球化是這些超級富豪出現的第一個原因。再加上──全球
化的另一個結果──新興國家，如中國、巴西、俄羅斯、卡達、
奈及利亞等的大量資金湧向美國。新富豪們把他們的盈利，無論
是不是正當取得，都託付給華爾街的金融家，有時倫敦，其他地
方則沒有。對於這些新富豪來說，美國像是個相對可靠的避風
港，這裏的法律防止帳戶結算。華爾街的資產管理人負責管理美
國人的儲蓄（為了退休，他們的儲蓄金額比法國人多），及世界
各大洲億萬富翁的儲蓄。這些管理人，只需從委託給他們的資金
中抽取一份微薄的佣金，就可以有一筆令我們目瞪口呆的金額入
袋。這個同時被其他美國人討厭與羨慕，年收入、薪水、紅利動
不動就破億美金的階層，通常被形容為「那 1%」，和構成社會
大眾的 99% 成對比。假如我們考慮以年收入上億作為界線，那
麼這凝結了美國左派知識界之恨意的 1%，其實只有 0.1%。

　　這 0.1% 對美國社會的非凡影響力，有到讓民主墮落到只剩
寡頭主義嗎？這是 2016 年桑德斯（Bernie Sanders）競選總統時
的基石，他是參議院唯一認證的社會主義者，但不因此就是市場
經濟的反對者。從法國看，美國的社會主義勉強是中間派。這些
超級富豪在大選的資金提供上確確實實超過比例，但民主黨和共
和黨同樣多。他們真的決定選舉，且，若以他們的獻金補償，他
們會收到某個補償物嗎？美國的政治握在這些大金主的手裏嗎？
為了競選公職的候選人，在美國，重要的不是本身很富有──大
多數的候選人都不是，川普是個例外──而是徵求資金捐助。

2007 年，歐巴馬證明，透過網路或電話向小額捐款人求助，就讓超級富豪的捐獻份額起不了決定性。大捐獻者作為補償所得到的似乎不必然影響美國政治的進展；最好的情況就是一間使館、一頓在白宮的晚餐，酬報最慷慨的捐獻者，但也幾乎不再有了，這麼多的權力在許多行業與團體之間分配：總統不是一個專制君主，而是被上千敵對政權綑綁的格列佛。為了獲勝，受贈人必須「買下」每個議員，每個參議員，甚至公認廉潔的最高法院。如果說美國的政治生命被金錢腐化，那麼因為服務或公用事業協議，層峰的情況要比地方層級輕一點；在法國也一樣，但因貪污而入獄的前當選人，美國要比法國多。

而和既定想法不同的是，在美國，金錢不是成功的終極標準。大學教授，高級運動員，電影明星，大作家，福音牧師，都佔有和超級富豪或大企業家一樣受尊敬的地位。美國不是一座以資本為頂端的金字塔，而是一把平行階級的花束，各州各有不同。法國，因為是中央集權，讓我覺得似乎比美國更金字塔式：那只是巴黎人的能力，「金錢在法國的影響力不比美國」這件事還有待證明。

在美國，金錢買不到最好的靈魂，在各種走向的報紙集團，以及支援智力與藝術創作的基金會或大學支持之下，思想運動之間的競爭在法國與美國至少一樣銳利。我曾經夢想法國有一些和美國一樣昌盛的基金會或大學報紙，能夠支持一個作家或一個藝術家，好讓他在幾年的期間專注於自己的著作或創作，無論是革命性的或機密性的。這些基金會，因為自己的立場，會允諾他們的研究員沒有限制的論調與意見的自由；我自己在這些基金會之

一──曼哈頓學院（Manhattan Institute）──所發行的《城市日報》（*City-Journal*）中發表文章時，也從來沒有考慮要自我審查，要問自己我的資助者會如何評論，或要投他們所好。他們也從來沒有要求過我。

很可惜，在法國沒有任何一個地方和美國的基金會一樣，讓人在當中覺得完全自由。將美國社會簡化成一個被金錢奴役的野蠻的資本主義，儘管會讓我們得到鼓舞，但這何嘗不是年金資本主義，以及它和國家勾結，導致法國不斷再惡性循環，創造失業，對某些人來講，是一個永遠繼續的狀態？美國的「野蠻的」資本主義，假如我們根據它的實際結果來衡量，其實它要比法國的年金與國家的資本主義更「社會」。這樣說，我們很可能會被當作是美國佬或一些托辣斯的傭兵。這讓我想起布東的一句名言：「每個人都說要尋求真理；當我們找到它時，卻發現它並不是那麼有趣。」但它卻是真實的。

第十九章

灌溉他的花園

在紐約，每個星期天的午後，你們會發現我在中央公園北邊，接近哈林區的邊界上除草。這是公園中最少人去的角落，但我最喜歡這裡，因為它比較接近曼哈頓被阿爾貢金語印地安人佔據時之原始狀態的大自然。之所以會有這麼一個浪漫的錯覺，是因為佔據整個島中央的公園，曾於 1861 年由奧姆斯特德（Frederick Law Olmsted）重新畫過。我可不是胡亂拔除，而是在基金會的訓練中心上過課，不僅學會了分辨好的草與壞的草，如今，已能完整整理草皮了。這個基金會是 1980 年代初期，為了修復中央公園而成立的。紐約城完全沒有為這個每年接待二千萬遊客的地方提供任何幫助。幸虧有一些私人的捐獻及像我一樣的志工服務，才得以維持。我一直到通過植物學的考試才被接受：我的寫著 Central Park ConservanCy 的夾克衫可資證明。候選人相當多，因此必須挑選，大多數公共空間或美國博物館的管理情況也都一樣。缺勤太多還會被淘汰：志願工作就該這樣。

我的另一個故鄉布洛涅比揚古，那裏的城市有一座很大的公

園，羅茲齊爾德公園（parc Rothschild），那是這個家族捐出來的，你看不到我或任何人志願維護，那是市政府及我們繳的稅支付的市府員工的責任。

我對園藝不是特別熱愛，但成為美國人要求要有慈善精神，這是在我成為紐約居民之前沒有內化的東西。慈善在美國社會是很重要的：不能提供時間或金錢，就不是完全的市民。這是法國人很難瞭解的。2015 年的最後幾天，當臉書創辦人祖伯克與其夫人普莉希拉陳（Priscilla Chan）透過給他們剛出生的女兒麥絲瑪（Maxima）的一封信，宣布捐出他們 99% 的財產，約 450 億美元給慈善事業，以「改善人類生活環境」時，法國的名嘴們就質疑是怎樣的財務操作掩飾了一個太過大方的舉動。這些名嘴們都錯了。

法國人，都願意相信美國人會捐獻是因為他們表面上的善心可以扣稅：一個為了讓我們安心的有關我們自己慷慨行為的特殊論據。這個稅務的論據根本不值得討論，捐獻全扣除制度在美國一直到 1950 年代才有，而公益慈善行動很久以前就開始了。半個世紀以前就成立公共圖書館網路的工業家卡內基，在他於 1889 年出版的《財富的典範》（Évangile de la richesse）書中寫道：「生不帶來，死不帶去。」身為美國歷史上第一個超級富豪的卡內基表示，我們的遺產不該用來鼓勵我們的孩子遊手好閒，所有財富都應該在受贈者在世時分配。今天，這個做法在超級富豪身上已經是一種準則，與法國王朝的傳統相反。洛克斐勒幾乎沒有留下任何財產給他的繼承人。美國最慷慨的金融家之一，魯賓斯坦（David Rubenstein）跟我說，據他估計，照統計學來算，他應

該會活到八十二歲；在給每個孩子一個紮實的大學教育及可以幫助他們重起爐灶的人際關係網路之後，他每年要捐出一個必要的數目，好讓他的孩子什麼都不能繼承。

此外，抵稅只惠及超級富豪；對於 99% 的納稅人來說，抵稅並不會影響到他們的納稅水準，就像在法國，每個人都可以減去捐獻的收入估算。我們也對稅務的影響做了很多研究，證明只有一小撮的超級富豪重視稅捐這件事；當顯得比較無利可圖時，有幾個會減少他們的捐獻，但只針對對他們比較不重要的機構，如歌劇院或博物館。捐給醫院或學校，從不受稅金的影響，無論可抵扣程度；這是我們在 2008 年大蕭條以後發現的。至於時間上的捐獻——志工服務，更是慈善志業的特點，稅額扣抵在此當然不具任何意義。

在法國，我不否認許多人的慷慨：很多都是小額捐獻——依收入的比例來說，卑微者比富有者更大方——參加慈善協會的人，也有很多很多志願參加公民生活的人。我曾以反飢餓行動主席的身分參與志工活動，也一直以地方當選人的身分，瞭解志工活動。但沒有任何法國的人道組織能夠體驗到私人捐獻；全部，包括我曾經領導十年的反飢餓行動，及無國界醫生組織（Médecins sans Frontières），全都是歐洲議會與聯合國的承包商，也由這二個單位資助。以價值來講，包括評估提供時間，美國約釋出他們收入的 10%，對比法國人的 1%。因此把慈善簡化為賦稅的理由是不可能的，我們二個國家之間的差異是另一回事。法國人不相信公民社會，一切都期待國家；美國人相信公民社會的善行，無論世俗的或宗教的，並且盡可能不要對國家有所

期待。針對 2014 年皮尤調查機構（institut de sondage Pew）所提出的問題：「您對誰解決我們社會最緊急問題的能力最有信心？」43 ％的美國人回答慈善，28 ％企業，14 ％政府。相同的問題在法國，可能產生相反的結果。

　　因為生活在美國人之間，並且像他們一樣生活，我才尷尬地發現我以前關於美國的大部份著作有多貧乏。我喜歡捐獻多於慈善；以法文來講，慈善（philanthropie）這個字眼是抽象的，儘管它在美國是很日常的用法。法國人常把慈善與慈悲（charité）搞混。就像被認為是現代第一個慈善家的富蘭克林所寫的：「慈善是慈悲的相反；慈悲是捐錢給窮人，而他們繼續貧窮，然而慈善則是試著消除貧窮的原因。」身兼作家、駐巴黎大使及美國憲法編輯者之一的富蘭克林，在費城開印刷廠時致富，之後他就把他主要的東西重新分配，以資助學校與圖書館，實際上這就是卡內基、比爾‧蓋茲或祖伯克等人之後所做的，他也可以說是開山始祖。

　　在我到美國生活之前，我陷入另一個法國人常犯的錯誤中，把整個慈善和超級富豪的驚人捐獻混在一起，看到他們的名字裝飾在博物館、歌劇院、醫院：誤以為這是有錢人的塗鴉。他們的善行只是美國人所捐獻或所**釋出**東西的極少部份：這是所有人使用的字眼。因為他們認為有「機會成為美國人」，他們之中有90%（社會各界人士都有）都認同，把他們一部份的盈利或時間**釋出**給社會是有道德的。美國人捐的比他們投票的多，受贈人是選民的二倍多，彷彿市民身分是透過比投票箱中的選票更志願的捐獻來表現。擁有大量機會的人──超級富豪──**釋出**金錢，而

機會比較沒那麼多的人則**釋出**時間，大家一起來整理公園、維護鄰里、擔任博物館導覽員、輔導貧困的孩子……日常生活中，被這樣的慈善行為所涵蓋的範圍是無限的，而沒有這樣的分擔，就不是完全的美國人。當矽谷的偶像，也就是 Apple 創辦人賈伯斯過世時，人們尷尬地發現，他終其一生都沒有捐過一毛錢給任何人，一個只能歸咎於他古怪個性的謬誤，這和比爾·蓋茲與梅琳達·蓋茲真有天壤之別，這對夫妻的基金會每年**釋出**五十億美元。也許賈伯斯沒有想到？他過世後，他的妻子就積極地分配他的遺產，分贈給她所居住的加州的學校。賈伯斯的名聲保住了，他可以在美國名人堂保有一席之地了。

　　釋出而非**給予**，時間或金錢，意味著我們所擁有的東西，好像沒有什麼是完全應得的，或既得的。這裡，我們跟法國是相反的。發財的法國企業家通常認為是最好的，且不覺得有任何釋出的需要，最好的情況是他會讓人建個博物館，來頌揚他或宣傳他的企業，就像阿諾特為 LVMH 或皮諾特為其家族所做的。一個以美國為典範的罕見法國例外是貝登古—舒勒（Bettencourt-Schueller）基金會，這是由貝登谷（Liliane Bettencourt，譯註：原姓 Schueller，是法國知名美妝公司萊雅（L'Oréal）創辦人的獨生女，婚後改姓 Bettencourt。她因繼承父親的龐大遺產，成為萊雅的大股東及大富豪。）以她個人的資產而不是以她所擁有的萊雅（L'Oréal）集團的資產贊助的基金會，旨在支助藝術與醫療研究。誰知道這件事，誰從此事得到啟發？又有誰為此感謝貝登谷？法國人對於慈善的不瞭解，使得他們懷疑那是暗黑操作；我要逆向操作，向貝登谷表示最大的敬意，因為她展示了真正慷慨的大

道，不幸的是，她的億萬富翁同業，沒有人跟隨她的腳步，直到現在。

釋出的基金來自來哪裡，善意還是惡意，倒不是那麼重要。同樣的，受贈人的動機也不重要！每個人的慷慨都加入了社會虛榮心或希望得到神聖的赦免。以慈善來說，唯一重要的是社會的利益，比試探受贈者必然複雜的靈魂更重要。在美國被說服而相信自己無所不知，其實只是有錢的最有錢人當中，有些人是不可常與之來往的人物，但他們基金會的活動並不因此而少受眾人關注。這是比爾‧蓋茲的例子。而所有**釋出**金錢與時間給最弱勢者的人是不會把它說出來的。他們低調地，且常常匿名地完成他們認為他們成為一般市民的責任。這個**釋出**的作法可能根基在國家的喀爾文派血統裡，甚至，對於大多數人來說，這個起源已經被忘了。我忍不住想笑，我常常聽到有錢的猶太慈善家表示，他們只是把美國帶給他們的**釋出**給美國而已：對猶太教來講的一個很陌生的字彙，而猶太的傳統推的是類似的道德論理，「修理世界」──tikkun olam──的責任。我不排除這個已內化的概念對猶太慈善事業之重要性的貢獻。

我從我的雙重國籍中得到啟發，試著在法國讚揚捐獻的美德。此可以在市場或國家都沒有辦法提供答案的地方，試驗一些創新的解決方案，解決複雜的情況：對抗毒品成癮、逃學、無家可歸者的偏差、醫院急診室的不足、新秀藝術家缺乏支援的狀況，尤其是美國的慈善事業顯得有效的領域。我很難被理解或完全不被理解。在我出版的所有書當中，以慈善為主題的《*Le Cœur américain : Éloge du don*》，毫不意外並無可挽回地失敗了。我沒有

太多苦澀，但終究還是做了一點點結論，在法國，社會的辯論將有一段很長的時間凝結在失效的情況之中：致力於打擊國家—利維坦，並且理想化市場主義的古老自由主義，沒有想到要開拓志願服務這條路線，這條允許經驗與錯誤的中間路線。而只迷信國家的社會主義者，把我稱之為「第三部門」（troisième secteur），也就是志願部門，和以前的工人合作社混在一起了。這個普遍性的短視，剝奪了可以讓我們變成實驗與社會創新之地的東西。

　　就像每年釋出十億的索羅斯所說的：「假如一個慈善家不會失敗，那是因為他沒有試過什麼新的東西。」國家呢？國家不能失敗：承認它將導致政治自殺。這個失敗的迴避，讓人堅持不懈，同時在沒有運作的主題上加一些公共基金，希望掩飾開始時的概念錯誤。市場呢？市場也不能失敗：如果市場失誤了，企業主就消失了。只有慈善家能夠冒險，能夠冒尋常之外的險。再怎麼糟糕，頂多就是浪費他的時間和他自己的金錢。在因為捐獻帶來的社會創新之利益之上，再加上慈善事業的人道優勢：給予的人可以從中得到某種和他的社會用處有關的滿足，而接受的人則得到具體的補償物。對於很多老年人來說，慈善活動為他們提供了額外的生活，這比無所事事或變得沒用的感覺好多了。這在法國，有，但很少。在美國，博物館裏的志工導覽員是前企業管理幹部或領導人，是很稀鬆平常的事；這也是大多數輔導殘障者、中輟生、更生人等機構中的情況。

　　為了融入紐約社會，避免人家不停問我來自哪裡，我何時離開，而變成兼職美國市民的我，必須成為慈善家。這個轉變不是

立即的，也不一定要很有錢，因為貢獻時間是慈善事業最普遍的形式。最困難的是克服二個在法國人的精神思想當中，對捐獻文化造成阻礙的重大偏見：政教分離與對國家的崇拜。90% 的美國人捐獻，但剛好也有 90% 相信上帝。甚至在紐約──美國大都會中最歐洲的城市，不停出現新的禮拜場所，只要到東哈林區或皇后區走走，就可以發現很多店朝夕之間就變成新教、印度教、佛教、伊斯蘭教的教堂或寺廟。在他們的宗教團體當中，最兢兢業業的美國人，毫無意外的，就是那些貢獻最多的人。

　　身為不可知論者的我必須承認，這些信仰團體是美國人的福利所必須的。從歐洲的角度來看，他們關心美國窮人的數目，但很少考慮到宗教團體對於最弱勢者的援助。這個援助還跨出慈悲之外：整個美國慈善事業中的一個指導原則就是讓條件最差者，透過工作，融入社會。我沒有認識任何一個不贊成這個以工代賑的方式的美國慈善家，也許是因為慈善事業把尊重的倫理擺在同情倫理之前。在紐約，由於有數量可觀的年輕人進去過少年監獄，因此總有一些慈善機構，無論是宗教的或世俗的，負責更生人，給他們訓練，教他們專業的活動，以避免重蹈覆轍。這個重蹈覆轍的危險是當國家或市場都沒有提出令人信服的答案而失敗的例子。只有第三部門，因為它可以試驗，才能夠創造出一些以陪伴、紀律、宗教皈依為基礎的解決方案。在慈善事業裡，我們什麼都可以體驗。

　　希望教會能成功讓一個從監獄出來的年輕婦女重新被接納，而國家與企業卻失敗了，這就是讓法國人百思不得其解的地方。當我發現紐約的博物館、歌劇院、圖書館都是由志願者協會全權

負責時，我也相當困惑。在法國，我們是那麼地習慣於文化由國家管理這件事（舊制度對於文藝、科學、運動等事業資助的傳統），以至於這個領域內缺乏公權力，我們竟視若無睹。誰敢斷言美國的文化、文化產物與文化接觸程度比不上法國？透過金錢的捐獻與志工服務，慈善，以它的多樣性、以美國國家的形象，就足夠撐起一個文化舞台，因為慈善家在競爭，而國家是壟斷。在美國，藝術家與作家列入優先的受益人：當基金會贊助數年的研究時，法國的作者只能羨慕美國的傳統。沒有任何一個法國創作者享有這樣的奢華。無可避免地，我們的出版——速成——的品質將受到影響。

　　這就是為什麼你們看到我在中央公園除草：這個比護照還好的低調舉動，讓我成為一個真正的市民。而且我不會放棄說服我在布洛涅比揚谷的其他同胞去整理羅茲齊爾德公園。法國人不太可能接受美國模式的資本主義，但捐獻的做法，我不會把它排除，因為社會的創新缺乏想像，而國家的錢箱破了洞。

第二十章

保持健康

在成為美國人之前，我還懷疑我雖然有一個身體，但沒有太過珍惜：在法國，身體會自然閃邊；在美國，身體則惹人注目。在法國，從小學開始，在已轉向共和政教分離的法國天主教的影響之下，再加上猶太教的影響，良好的教育──已然消失──就將身體（corps）簡化為嚴格的用途了。最好的情況是，好好保養它，好好照顧它，但少說到它，並且不要炫耀它。美國則反其道而行，儘管在法國還流傳著一個清教徒的美國的不敗傳奇。在與白宮實習生李文斯基（Monica Lewinsky）的肉體關係之後，柯林頓總統幾乎要被彈劾的時候，我們大多數的名嘴都在嘲笑美國的清教主義。但柯林頓被譴責的其實是另一件事，是法律，而非道德：他對他下屬的一個女人濫用他的職權，之後又否認這個關係。清教主義和彈劾程序沒有任何關係。假如清教徒是最早在新英格蘭建立殖民地的，他們的影響力從來都只是地方的、暫時的，很快就被其他崇拜──通常是新教徒，但比較不那麼嚴厲──給瓦解了。美國開國元勳華盛頓、傑佛遜總統、共濟會會

員都不望彌撒的。

　　在我們的時代，紐約是一個舞台，每個人都在這裏扮演一個角色，於是在這裏穿衣服、脫衣服。因有三分之一人口患有肥胖症，因此美國人的身體所佔的空間比法國人多，在交通運輸上，在人行道上，在辦公室裡。過重消除不掉；會這樣子想的肥胖者很少，因此也少有肥胖者體會到變瘦的需要。體積大的女人感覺會漂亮一點，也讓你從他們的體型中獲益。除了 7 月酷熱的二、三週以外，巴黎的人群主要是灰色的，而紐約客則顯得色彩斑斕。回應種族的多樣性的是穿著與髮型的多變化。紐約被劃出一道道條紋，就像非洲或印度市場。銀行家與律師也要喬裝打扮，用領帶打扮成深暗的顏色，好讓人認得出來他們是誰。

　　這個招搖的身材是被培養起來的，沒有任何其他城市有這麼多的健身房了，而且大多數就面向街上。漫步在曼哈頓街上，就可以看到一些痛苦的、留著汗的、被一些可怕的機器折磨著的、被一些大聲叫罵的教練和一種電子音樂激勵著的肉體。最有錢的人經常到他們大樓裏的健身房：所有體面的大樓地下室都有一間。更高一級的，都有自己的健身教練，稱為 body designer。他們不只幫助你維持身體的基本功能，還會根據當下人體各部比例的美學標準，勾勒體態或讓身體信任。不保持身材是有失體面的；就好像不對某個慈善行動做個貢獻就不是美國人一樣，不鍛鍊肌肉、跑步、騎腳踏車、流汗，也不是美國人。我承認，從初中開始，我就成功地以各種難以想像的理由讓自己躲過體操，到了紐約，卻生平第一次下定決心開始跑步及騎腳踏車：我向社會壓力低頭了。肉體上的效果不是很明顯，但心理上的享受是不容

置疑的。在紐約除了健身教練，看心理治療師也是自然的事，我
會向他敘述我的童年，而且順從地把內容說得很誇大。他顯然相
信我六十年的胃痛只有一個成因，就是我跟我母親難以相處的關
係。我們想到普魯斯特（Marcel Proust），他以七大卷的書（譯
註：即《追憶逝水年華》）報復他的母親，只因她晚上沒有到床
前來抱抱他。至於我母親，這段就夠了。

　　教練或心理醫生都無法單獨解釋紐約客的額外精力。他們是
怎麼做到的？然後我們又想到紐約是全世界最大的古柯鹼與安非
他命消費國，數百萬哥倫比亞與墨西哥人的間接老闆，一個美國
政府假裝對抗的龐大工業。為了消滅黑手黨，保護消費者不要吃
到摻假、甚至致死的物質，使這些毒品合法似乎更合理。他們還
更進一步：2014 年起，大麻在科羅拉多與華盛頓州都合法了。
當證明這個合法化不僅不會提高毒品的消耗量，還會讓黑幫勢力
變弱時，這樣的合法化就會擴及到世界其他國家。我曾經在法國
丟出這個有關毒品合法化的辯論，但沒有成功。我碰上了左右二
派唯一共同的程序：禁止及拒絕討論之。美國的經驗也許會改變
這種狀況，情況經常是這樣的。公共場所禁止吸菸的規定，從美
國來到我們國家，但遵守的並不多，這個規定在我們國家似乎難
以想像。我記得 1995 年法國航空總裁的聲明，說他無論如何都
不會在法國飛機上禁菸，說這個對於菸草的禁止只適合美國人。

　　希望能夠在這個區別我們二個國家的這個身體儀式上，找到
一個可以鞏固我們的偏見的決定論解釋：比方說，藥廠的行銷。
在高收聽率的時段，由製藥業佔據過多的廣告，這在法國及其他
國家都是禁止的（美國以外，只有紐西蘭允許藥物的非專業廣

告）；廣告不厭其煩地發明一些不存在、或在歐洲我們形容為症狀、或十足就是人類狀況的表現的病。為了抵賴，就把它改成病理學，膠囊提出永遠的青春，比健康還好，優於身體的完美。它隱藏在這些廣告之中。美國病人受不了老化，也忍不了痛，這只是一點點；對他們來說，感覺永遠年輕或保持年輕才是最重要的。藥物與外科醫生滿足了這個要求，或預料到了這個需求，一方面把不必要的活動多了好幾倍，浪費反對一切（anti-tout）的治療，尤其是反疼痛的治療，直到一些在法國無法想像的劑量，甚至有上癮的風險。他們不是有病了才去看醫生，而是定期的，就像上美容院一樣；假如你忽略了去看你的牙醫或眼科醫生，他們的祕書就會一直打電話來催，建議你先預約。這個沒有明顯醫療成果的治療熱情，讓醫生和外科醫生們都發了財，他們對病人的期待也有了回應。就像李維－史陀跟我說的，絕對沒有美國人願意接受「老化是件有趣的事情，因為我們每天都帶著新的感覺醒來：一切都令人不快，但都是新的。」五十年前，在尼克森表達「抗癌戰爭」之後，人們就期待這個美國製藥業能夠為我們提供一種萬靈藥。抗癌的進展是無庸置疑的，但賣出數百萬劑的藥丸並沒能治療癌症。它可以治療性無能，或者說治療拒絕接受性無能是年老的自然結果的心態。但行銷有它的限制：廣告知道可以把需求導向一個品牌而不是另一個品牌——如威爾鋼（Viagra）對犀利士（Cialis）——但不會發明這個需求。是先有這個需求的。

我始終覺得，在美國人對於他們的身體的展示與工作之外，隱藏了一個對不死的追求，而不僅只是拒絕老化，這在法國並不

常見。甲骨文公司（Oracle）的創辦人艾利森（Larry Ellison）在他的自傳中寫道，死亡是我們終將消除的疾病。和矽谷的其他企業家──Google、Apple、Facebook、eBay──齊心的他，資助了數百萬美元給以延長生命──可能的話無限延長──為目標的研究中心。這個對於永生的追求，說明了為什麼美國家庭在他們的近親過世之後，那麼喜歡告醫院，就好像在生命結束時死亡是不正常的。這個喜歡醫療訴訟的怪癖，從美國開始，來到了法國，帶著幾個對於病人來說不可否認的好處：醫院裏的醫生再也不是萬能的評判員，由他來判生或判死。法國醫院還有待去組成和美國醫院一樣的倫理委員會，生死關頭的決定由家人和倫理委員會委員共同討論之，一個在法國還只是在胚胎狀態的功能。美國人的拒絕老化，為一些老年女人和女殘障者帶來了一些快樂的結果；她們的待遇比在法國好，更常出現在集體生活中。我們更常在街上、在大眾運輸上、在劇場遇到她們；老年人與殘障者沒有被隱藏，這在法國還是很常見的情況。假如有選擇，我建議在紐約變老，然後在奧勒岡或加州終世，二個最早將安樂死合法化的州。也許，整個美國也都將贊同安樂死，就像他們贊成同性婚姻一樣。而法國將跟進，因為──這已是事實──美國是我們未來的實驗室。

　　這個未來，有時，是需要等待的，比方說在廁所裡，等待一個人們通常會逃避，但，在我們二國之間的比較當中，會教我們很多的主題。眾所周知，在法國的公共場所──咖啡廳、車站、機場、博物館──很少有廁所，而且總是維護的不好。美國則相反。我們希望法國的公共衛生能夠改善，但離那個美國化還很遠：

在最新近的巴黎劇場或博物館裡，例如努維爾（Jean Nouvel）所設計的凱·布朗利博物館（musée du Quai Branly）或巴黎愛樂大廳（la Philharmonie），都找不到這些設施，不然就是非常地小，好像建築師保留了凡爾賽宮沒有廁所的傳統，或法國鄉下到井底解決的習慣。美國人則反其道而行，而且有點誇張：在博物館裡，一整個閃閃發光的樓層專門用做廁所，彷彿它們的設計早於博物館的設計。我們當然要將還保有土耳其式（蹲式廁所）傳統的巴黎咖啡館和麥當勞比較一下，麥當勞的廁所對連鎖餐廳的高流量有很大的幫助，法國和美國都一樣。2014 年，麥當勞總裁向股東大會宣布，連鎖店的未來將堅持菜單多樣性，接受當地文化，但構成全世界麥當勞之特徵的唯一不變的共同特徵是：乾淨的廁所。我們能想像一家採取相同策略的法國連鎖餐廳嗎？但怎麼能不被美國人對他們的腸道功能的重視給嚇到呢？瀉藥佔廣告螢幕相當大的比例，相同的藥平均是法國劑量的四倍，保證的效果我們都猜得到。

以上沒有任何有趣或「高盧」的事，但確認自我接受的身體與自我否認的身體之間的手法有差異。有人可以解釋嗎？或許透過我們文明的底蘊。美國人不全都是新教徒，但我們常常認得出來，新教的法典已充滿所有崇拜。在新教徒的禮拜堂裡，基督從來不以十字架出現，肉體復活了，既沒有掉肉，也沒有血跡斑斑。我們再走遠一點；在最美國的教堂裡，摩門教教堂──根據他們的說法，基督在被釘上十字架到復活之間，曾到過美國傳教──耶穌及其使徒出現在裝飾著禮拜堂的廣大壁畫上，肌膚曬成古銅色，肌肉結實發達，就像加州的衝浪者一樣。這個所謂的

「末世聖徒」教會只有五百萬個信徒，但他們讓我覺得似乎比他們的數字讓人相信的更具代表性。特別注意他們的身體的摩門教徒，不喝酒，不抽菸，不刺青，因為他們認為世界末日已迫在眉睫了。因為相信他們會復活，因此他們想在冥世找回他們在人世間放棄的身體。並且「還有形」，可以永久保存。針對這一點，大多數的美國人都是不認為自己是這樣的摩門教徒。

　　當價格是那麼令人卻步，或與法國藥物的價格相比略顯得昂貴時，美國人是如何吃掉這麼多維他命和藥物的？常見的錯誤是：法國人以為能夠從全世界都羨慕我們的醫療保險中受益。我記得當時擔任總統的薩科奇在紐約哥倫比亞大學，面對著基本上都對這位演說者有好感或親法的教師與學生，大大稱讚法國的模式。薩科奇沒有用他的外交顧問幫他擬好的稿子，反而脫稿演出，開門見山就說：「在法國，當你在馬路旁邊爆了（crevez，原文如此），在將你送到醫院之前，人家不會跟你要美國運通卡（再次原文如此）。」這段話引爆一陣噓聲。我蜷縮在我的椅子裡，不想被人注意。哥倫比亞大學對民主很敏感，比較偏左，而且贊成靈感來自法國模式的國家醫療保險系統。但見多識廣的聽眾無法容忍法國總統反映出這麼荒謬的偏見：所有美國人，就算是非法移民，都有權利在所有醫院的急診室被照顧：不用信用卡。總統在他剩下來的演講中加了些什麼，我們都忘了。在美國可以窮、可以生病、可以被照顧；在最嚴重的情況時，每個人都享有最先進的醫學技術，無論他的收入如何。無論照顧前或照顧後，有保險或沒有保險都不是考慮的重點。昂貴的保險可以讓人自由選擇醫生，而且，常常都不用等候。金錢讓人賺取時間，並且提

供選擇，正如在法國，我們接受付公立醫院私人出診或向非特約醫生求醫的費用。對於一個完全沒有保險的美國人來說，也就是薩科奇的假設，只有急診是免費的，但也只針對最輕微的疾病。

2011 年，在總統談話的時候（在法國講的和在美國講的一樣），他們一直重複說有四千萬美國人沒有保險。這是真的，也是假的，因為並不是一直都是相同的那四千萬人。比方說，數字包括在二個企業之間的受薪者，因為由雇主付健康險是很常見的。這四千萬人不一定是窮人，有一些人選擇——情況還是這樣——不要保險。或是因為，年輕人，他們比較喜歡承擔風險，或是因為，非法者與真正的窮人，他們信賴急診服務。除了這些醫院服務，必須再加上無數由教會及慈善基金會管理的免費或便宜的診所，這在法國不太有人知道。

美國的情況因為可負擔的健保法案（Affordable Health Care），又名歐巴馬健保（Obama Care）——歐巴馬總統的偉大政績——而和法國模式相似。從此健康保險對於所有美國居民，無論是不是公民，都是強制的：為什麼還有三千萬人沒有保險——而不是四千萬人？此處又是，自由的選擇決定行為？不保險，要繳納收入的 2% 做為罰金，但這比保險省多了。有些非被保險人還是沒有保險，因為太窮了，窮到無法簽署保險單——雖然最弱勢者有公共津貼補助——或寧可不要。習慣國家幫他選擇唯一選單的法國人，還是有點狼狽，而美國人則討厭國家降低他們的自由。由於他們的直接稅賦低於法國人，因此他們還有一筆比較多的可使用收入，這讓他們的選擇更容易。

生病了，當法國人還是美國人比較有價值？誰受到的照顧比

較好，代價呢？照顧的品質比它們的價格更容易衡量；健康指數
我們二個國家趨於一致，法國微微優勢一點，也許是因為美國有
大量的移民。大量移民說明了嬰兒的死亡率為何較高，大多數移
民都來自年輕媽媽不注重基本衛生習慣的國家。還要再加上在美
國許多患有糖尿病的大胖子越來越重的負擔──一個同樣威脅著
法國的災難。比較價格又更複雜了，個人經驗提供的資訊不太正
確。在美國，去看個普通科醫生，做個基本的看診，竟然要付比
法國多二十倍的費用，這真的讓我嚇到了。一個美國醫生也是一
個企業家，整個小診間就是一家小診所。同樣的藥，也是平常的
藥，要價是我在法國藥房買的價格的十到二十倍之間。我們可以
就此得出結論：很可恥地，法國醫生的薪資過於低廉，而他們的
美國同業卻同樣可恥地薪資過高。但這只不過是極小部份的解
釋。美國藥廠會剝削美國病人嗎？會。在法國，同樣的藥廠賣同
樣的藥，只要十分之一的價格，此表示由於在美國定價是自由
的，而在法國是受到控制的，因此美國的病人補貼了法國的病
人。在法國，我們生活在最美好的世界裡，這裏的藥廠──全都
世界化，沒有真正的國籍──創新由美國人提供資金，而且對法
國人幾近免費。一個表面上的免費。

　　法國人知道他們為了健康付出多少嗎？他們不知道，因為社
會保險（Sécurité sociale）不是保險（assurance），它是一種稅。
法國人總共把他們四分之一的收入交給社會保險；這個四分之一
依收入的程度而有不同，因為徵稅是依照比例制，和只以風險為
依據的保險相反。整體而言，一個健康又有錢的法國人替另一個
生病又貧窮的法國人多付一些。這是對的，但這比較不是保險，

而是一種互助模式。

　　實際上，社會保險除了是稅以外，也是國家互助的基石，健保卡（carte Vitale）是我們公民身分的證明，而不是其他隨便的身分文件。這看不出吃一顆藥或看一次診每個人要花多少錢，表面上是免費的，因為實際上我們已經先付了。總而言之，健康的代價在法國和美國是一樣的，但對於我們當中每個人所支付的費用是多少，我們都不知道。美國人希望知道，法國人大概不想；我會想知道，這可不是愛國心的證明。

第二十一章

只有上帝知道

　　隨著年紀增長，我已經到了李維─史陀在一次對話中對我說的：「我們寫書的速度越來越慢，也越來越短。」沒有受到邀請，身體突然就說話了：我們一直忽略其存在與作用的器官表現出來了。有時，它們打斷了寫作：我將一直在無法完成此書的狀態嗎？醫學讓期限延後。我又重新拿起筆，以老式的墨水和鋼筆書寫：貝克特（Samuel Beckett）在他的劇本《啊，美好的日子！》中寫的「舊式」（le vieux style）鋼筆。我覺得，鋼筆──和電腦的鍵盤相反──不會讓你累積一些沒用的句子。但必須是不談到自身。在法式的傳統文章裡，作者隱身在論題之後，論題從一支抽象的筆湧現，承載著一個無可爭論的事實。作者在寫的時候會痛苦嗎？會被家中瑣事、疾病、疾病的不確定性打斷嗎？讀者被假設都不知道，彷彿作品就像母雞下蛋一樣寫出來了，但卻沒有母雞。然而，母雞可能比蛋更有趣：有些作者比他們的書更優秀。這是我在 1989 年，為了書名為《我們這個時代真正的思想家》（*Les Vrais Penseurs de notre temps*）的著作訪問了幾位大知識分子與

學者時所學到的。有時草稿或手稿被證明比出版的書更雋永。最好的福婁拜（Gustave Flaubert）就在他的《書信集》（*Correspondance*）裡：他寫給他姪女的整封信讓我們比福婁拜自認是傑作的《聖安東尼的誘惑》（*La Tentation de saint Antoine*）一書更瞭解人性。如果羅曼·羅蘭的日記[1]是永恆的，誰還看《約翰克利斯朵夫》（*Jean-Christophe*）？有幾篇還逃過了像上帝一樣躲在烏雲裏的隱形作者的手法。蒙田（Montaigne）承認他的腸絞痛影響了他的心情，盧梭承認他受著性別的折磨。而死亡有時會追上作者，使手稿轉向。

紐約。凌晨，電話響了，這不是好兆頭。我太太驚叫：「媽媽往生了！」當晚，我們就回到巴黎。2015 年秋天，我岳母——法國文明完成的唯一化身——離開我們了。喪禮在為了迎接她而特別開放的皮安庫爾教堂舉辦，這個喪禮讓我確定，當你有很長的時間沒有在這裏時，要真正說法語及天主教是有多困難。不可知論者的法國天主教徒，從不問自己有關他們現在或未來身分的問題，也從不計算他們生或死的幸福。他們不知道有多少法國教會全都預料到，全都安排好，好讓生到死的過程在美學與精神上都臻於盡善盡美，讓死亡對於活著的人來說是美麗的、可接受的。毫無疑問我的家人都尊敬德妮歐（Jeannine Deniau），但我並不覺得她的喪禮令人悲傷。虔誠天主教徒如她，已經事先準備好祈禱詩歌、頌辭、歌曲及音樂的名單；雖然離開了，她依舊鉅細靡遺地主導儀式，讓神父遵照執行。最後，

---

1. 羅曼·羅蘭著 *Journal de Vézelay*，1938-1944，Bartillat, 2012。

她加入了十五年前我岳父埋葬的墓穴裡，從此安眠於此。毫無疑問地，在這個鄉下的墓園裡，在諾曼地厚厚的黏土窟窿中，在一間羅馬教堂的旁邊，我們村的這些安茹約（joyaux）教堂的其中一間，永遠安息之語更顯得有意義。有些人想像天上的天堂，然而天堂或許就是躲在它的墓園裏的羅馬教堂。我躺在巴紐墓穴裏的父母，不是在天堂裡，我很確定；我合葬在皮安庫爾的岳父母，已經在那裏了。既不是天主教徒，又苦於當法國人的我，無法想像埋在這間教堂的腳下：假設他們接受我埋在哪兒，我怕會妨礙這份完美的和諧。《舊約》中有這麼一句話：「讓死者埋葬死者吧！」我要再加一句：「讓天主教徒埋葬天主教徒吧！」那麼，到底哪裏是終點呢？

　　猶太人不太知道死亡要做什麼。沒有儀式，在巴紐或其他任何地方，我們都是草草了事。我父親過世時，我淚流滿面的母親說：「希望他上天國（Ciel）去，」在猶太人的意識形態裡，這並沒有任何意義。勤讀希伯來文《聖經》的她，很清楚天國裏沒有任何地方是保留給猶太人的，可能也沒有來生。但是在這種情況下，驚慌失措的她，還是模仿法國人，採取基督教的反應：經過苦痛的法國女人。猶太人的喪禮只會在墓園裏舉行，以免死者褻瀆了活著的人；喪禮時，一個不認識的猶太教士，手裏拿著喪葬公司的鑰匙，口中叨唸著神父的語言，大量影射永生的概念。我忍住不去頂撞他；後來回想，我應該去的。那時，我跟我哥正以阿拉米語朗讀 Kaddish 祈禱文，內容僅向萬能的神致敬，完全沒有提到死亡或冥世。這才是真正且幽默的猶太教：不在墓園裏也不用一種再也沒有人懂的語言談論死亡。然而，現在，在基督

教的影響之下，人們在猶太教堂裏追憶死者，而在巴黎或紐約，這些教堂裏的儀式卻像德系猶太人的新教儀式或西班牙系猶太人的東正教儀式。很少很少參加這種儀式的我，身處在非常保守的「新教」猶太人與非常狂熱的「東正教」猶太人之間，一點都不會讓我想起我小時候，介於家庭聚會與交易中心之間，氣氛熱烈的猶太教堂。那裏的對話有時太過熱烈，使得猶太教士得提醒大家遵守秩序，提醒我們聆聽一段朗讀或註釋，他會對我們說這段特別重要。大家伸長脖子，洗耳恭聽，幾分鐘之後，又回到嘈雜喧囂。需齋戒的贖罪日當天，每個人都偷偷地看著手錶，大約下午二點鐘左右，再偷偷跑到這間被稱為拿撒勒聖母院（Notre-Dame-de-Nazareth）的猶太教堂附近的共和廣場附近，某家不符合猶太教規的餐館。教堂所在的這條街就叫拿撒勒聖母院街，一個命中注定的名字，半猶太教，半天主教。之後大家再準時回到教堂，等著聽 Chofar 號角聲響起，宣佈這冗長祭祀的結束。

我發誓我從來沒有在拿撒勒聖母院見過上帝，我甚至沒有找祂，但我完成了一些讓我可以加入猶太團體的入教程序。這無論就我父母或我的立場，都不是一個宗教選擇，而是嘲笑納粹與反猶太主義者的一個方法：「你迷失了，我們一直都在（Vous avez perdu, nous sommes toujours là）。」在我的情況裡，納粹終究贏了第一局，剝奪了我的割禮：1944 年 3 月在內哈克，這可沒有掛過號。我學希伯來語，不是因為虔誠，而是為了我們遺失的歷史，為了獲得我的第一只手錶。傳統上，在我這一代，Bar Mitzvah ──受戒禮（為年滿 13 歲的猶太男孩舉行的成人儀式）──的獎勵是一只手錶。1950 年代初，手錶是只有成人才

有的奢侈品；我戴了一只塑膠的假錶給同學看，要讓他們相信我擁有真的手錶。唉！我的第一個考試失敗了。在一間陰暗的辦公室裏接見候選人的巴黎猶太教教士，令人印象深刻，他問我兔子是不是藏起來了。「是啊，當然啊，我們還把我們養在薩特魯維爾兔棚裏的兔子給吃了。」──「一年後請回來找我，」猶太教士說道，「當你懂得飲食禁忌的時候。」

因此一直到十四歲，而不是十三歲，我才被請去讀妥拉（Torah，《摩西五經》），得到手錶：我已經等好久了。在我用希伯來文結結巴巴背誦的那一段裏，洪水之後，上帝在諾亞裏保證不再毀滅地球。我還是相信這段文字不是意外落到我頭上的。我不信神，但我相信祂會信守承諾：地球不會毀滅。我對氣候暖化的懷疑論是從此而來嗎？我對人性演進的懷疑論，當然是由此而來：讀了此篇文章之後，難道生活就不比以前更好、更和諧，活得更久嗎？我的喜歡提問，對所有權力的無禮言行，也是從此而來：和一對活著的生物來到他的方舟的諾亞，不服從了，也是不服從祂的他，戰勝了這個企圖報復，卻戰敗了的上帝。法國傑出猶太教法典研究者馬尼杜（Manitou）說，阿希肯納吉（Léon Ashkenazi）觀察到《聖經》裏的希伯來人不斷與上帝爭吵，而且，長期下來，希伯來人佔了上風。不是沒有痛苦，但最後的勝利屬於他們。馬尼杜說，《聖經》中上帝的最後出現是一次和約伯（Job）的對話，之後祂就永遠保持沉默了。因為耶和華的虐待而惱火，最終又因為虔誠而得到補償的約伯，要求一個解釋。大家都知道，上帝回答他說祂不需要為自己辯護，因為祂是上帝。約伯反駁：「我順從。」馬尼杜問，最終誰勝了？不是上帝，是

約伯。整個猶太精神與幽默都包含在這個上帝與約伯的爭論及馬尼杜所提供的解釋裡。馬尼杜也是流浪的猶太人與反常的猶太人之間的區別的作者：流浪的猶太人是真正的，而反常的猶太人是定居的。

我們不要因此推論出猶太人對一切都有答案，因為，身為問問題專家的他們，是很少給出答案的。還有比靈魂之存在與復活等問題更基本的問題嗎？基督徒有一定結構的答案，人們或同意或不同意這個答案，但就是有一個答案。猶太人，嚴格來講什麼都不知道，猶太人至少受過教育。其他的，在類似宗教的影響之下，透過模仿，最終贊同他們的末世論。還有其他變成基本教義派的，認為猶太教是一些或多或少有點武斷的宗教儀式的集合，只要老老實實遵守就可以了，而身為猶太人，卻是懷疑這些定律，無止境地質疑它們的意義。由於我也身處於這個爭論的傳統之中，因此也暴露在被一些狂熱黨人糾纏的景況之中，這些人是用記在心裏取代智慧。關於這一點，所有基本教義派都很相似，神學的或意識形態的。我在身體方面只被猶太人攻擊過二次，一次在巴黎羅希耶（Rosiers）街，一次在以色列希伯倫（Hébron）。他們在電視上聽到我提到，在他們的歷史進程中，猶太人沒有國家的時候比有國家的時候更久：也許在這個近三千年的有資料根據的路線中，以色列只是一個 moment。因此，「質疑以色列國——也就是我們所認知的它的當前形式——是否是永遠的」也很合理。電視辯論時，我針對這個由吉斯伯特所提的問題，回答：「只有上帝知道。」《新觀察家週刊》記者貝尼述（Pierre Bénichou）反駁：「上帝來這個辯論裏做什麼？」這不是幽默，

232 我為何成為美國公民──我的猶太人旅程

而是猶太復國民族主義影響之下的猶太思想的墮落。

面對這個猶太基本教義派的進展，我們不後悔偶爾改變人行道，不後悔避開不只一個的辯論，不後悔在別的地方尋找上帝。或者可以代替它的東西，比方說，從法國到大東方（Grand Orient）。

在我對法國身分的追求當中，文學常常是我的指引：因為尼贊，我進入巴黎政治學院。我對克勞德的仰慕，沒有帶領我走進教堂。羅曼・羅蘭沒讓我成為共產黨而是帶我去印度。茹勒・羅曼（Jules Romains）讓我成為共濟會員：大約三十歲左右，就像《善意的人們》〔*Les Hommes de bonne volonté*（是的，我讀完二十七卷）〕中的克蘭里卡爾（Clanricard）一樣，「我們在尋找一間教堂」。克蘭里卡爾重新加入巴黎卡迪街（rue Cadet）的大東方（Grand Orient）：我學他去。他很失望，我則不會。那裏有很多共濟會員：大東方是一間沒有上帝的教堂，不同於參考「偉大建築師」（Grand Architecte）的盎格魯薩克遜共濟會所，法國的共濟會由大會所（Grande Loge）為代表，在全世界是多數聽命（obédience majoritaire），在法國則是適度（modeste）。只有大東方的上帝有人性，祂的目標是增進人權、寬容、民主。這個綱領長久以來都和激進黨的綱領一致，很適合我。讓我們來打消一個神話：大東方沒有媒體給他的影響力，這不是一個秘密組織，它的成員沒有掩飾他們的屬性。在大東方及其會員──我的「兄弟」──之間，我應該遇見過一種我在別的地方也不會認識的法國，不是高層的法國，而比較是底層的法國；共濟會的兄弟們在會所裏同心協力，盡力改善所有法國人之間的關係，無論他們的

社會出身或政治傾向。我所屬的尚穆蘭解放（Libération-Jean Moulin）會所，基本上是由警察組成，從交通警察到法國調查局（Renseignements généraux）主任。我不會發誓說所有的一切都是真誠的，但大多數人都力求做到。比方說警察，透過他們的工作，試圖把他們所有仇外的行為都排除掉。為什麼共濟會會那麼神祕？一些心理學或瑜珈的課程難道不會把他們導向相同的結果嗎？喔，不會：我發現在大東方裡，教堂典禮、入教儀式，在會員之間造成一種在臨時俱樂部裏找不到的團結性。這些從外在看起來顯得有些過時的儀式——白色罩衫、手套、字彙與經過編排的手勢——正是集體思考所不可或缺的。

克蘭里卡爾放棄了，因為他追求的是靈性；他應該改宗的。我離開了，不是因為失望，而是沒有時間：我希望繼續成為基層的共濟會會員，但我的階級升得太快，一下子從工人到師父，再到長老，這給了我好多責任，讓我無法兼顧家庭與職業生活。實在很可惜，作為法國的教堂，大東方變成了養老院，已不適應當代城市；遺棄我們的不是眾神，而是沒有時間。各走各的路，匆忙的凡人一條，冷漠的眾神另一條。

在美國，一切都不一樣：美國人是信徒也遵守教規。二者並駕齊驅；正如巴斯卡所預感的，必須參加儀式才會相信。這是美國教會自十九世紀開始所瞭解的，多數是最重要的。1776 年，一開始，開國元勳都是無神論者，隱約是自由神論者，就像啟蒙哲學家的時代，巴黎或費城的情況；華盛頓或傑佛遜都不虔誠。今天的，美國總統不信神？這是難以想像的。黑人可以（當總統），不信神不可以。不是美國人變了，而是教會伴隨著社會運

動演進。1831 年，托克維爾發現美國人會去望彌撒，因為他們可以選擇他們的教堂與時間；托克維爾補充，在法國，天主教堂奄奄一息，因為它獨佔、專制、具國家形象。在美國則是因為他們是民主的，而且他們之間互相競爭，因此美國的教堂、寺廟、清真寺、猶太教堂都保留且贏得他們的信徒。在美國，募捐時，可以用信用卡付，大多數的教堂都提供智慧手機的 app，讓人可以隨時隨意祈禱或思考。美國的牧師（pasteur）瞭解巴斯卡（Pascal）；法國的神職人員、牧師、猶太教士，不認識。

　　我從這個美國的虔誠開始，到現在還是個外在但細心的觀察者。在他們無限的多樣性中，從來不去宗教禮拜無法讓人瞭解社會的原動力。有些理性主義社會學者，尤其是貝爾（Daniel Bell），就懷疑這個美國宗教感情，把教會比為隨隨便便的俱樂部。事實上，在美國，每個人都屬於一個團體，其活動不全都是宗教性質的，也有節慶或慈善性質的。常常，信徒改變教堂，在這個禮拜的大超級市場裏購物。但 80% 的美國人都承認他們每天祈禱，這不是一種社交姿態，而是精神上的。美國宗教確確實實存在。這些美國人向上帝祈禱，更驚人的是，上帝也回答他們：在親自遇見過上帝之後，半數美國人都會互道 born again。這是巴斯卡沒有想到的，也不常出現在法國人身上。

　　在紐約，我沒跟上帝說話，祂也沒回答我，但讓我歸附到聖奧古斯汀（saint Augustin）──「在羅馬，行如羅馬人；在他鄉，入境隨俗」──在鄰居的邀約之下，我有時也會參加彌撒。我跟我妻子也曾陪我們的狗，一條柯基犬，名叫巴其，去雷辛頓大道（Lexington Avenue）的統一論教堂參加動物的彌撒。彌撒由一

位非裔美國人猶太女教士和一位佛教和尚共同主持，這位和尚很明顯是布魯克林的一位猶太人。和同類在一起，巴其顯得很滿足；一位帶著貓咪來的鄰居，很後悔沒有把她的烏龜也帶來。

這些神聖的歷史有某種寓意：所有人都可以變成美國人，因為美國把奇特的東西都加在一起了。在法國，要變成法國人是那麼地難，進入的大門是那麼地窄。我們的狗可以證明：在紐約的彌撒受到歡迎的牠，去法國參加我一個女兒的婚禮時，卻被教士趕出教堂。執拗的牠，穿過封鎖線，加入典禮，蜷縮在祈禱席腳下。不要像狗一樣對狗！經不住在法國與美國之間不停來來回回，精疲力竭的巴其因心臟病去世了。和牠的主人一樣，牠也有二本護照。牠在皮安庫爾結束牠的狗生命：原籍高盧，存在時無國籍，死於法國。也許，像是寓言。

第二十二章

您的證件

　　旅遊之於隨筆作者，猶如小說家的想像。因此二十年前，為了寫一本書──《世界是部落》（*Le monde est tribu*），我決定追隨亞歷山大大帝的路線，從雅典一路來到印度河。從高中開始，我就非常崇拜西方歷史中第一個以統一已知的世界為目標，拒絕任何種族效忠的亞歷山大大帝。國家之上，還有人性。亞歷山大不相信部落，也不相信他們的神，在征服敵人之後，他就和他們和解，請他的軍官娶當地的公主；他自己也娶了波斯王的女兒羅莎娜（Roxane）。

　　二十三個世紀之後，我來到巴基斯坦印度河旅遊，受到當地封建君主，普什圖族（pathan）首領瓦里克汗（Wali Khan）的接待。依照這個事蹟的唯一書面來源 Quinte-Curce 來看，亞歷山大是在這個地方對印度國王發起最後一次戰爭。偏好和平的瓦里克汗搭著他的勞斯萊斯走遍他的產業，而且每年到倫敦一次，去那裏翻新他的衣櫥。讓這個記憶──我回憶中的一個刻痕──合理化的重點是關於他的身分的評論：「我是，」他跟我說，「普什

圖人已有二千年，是穆斯林一千年，從 1947 年才開始是巴基斯坦人」。他依照這個時間順序將他的忠貞分級，認為同時成為三者是一種特權。依此邏輯，我是三千年的猶太人，從 1947 年開始才是法國人，美國人自 2015 年才開始，我突然覺得我的情形好像不怎麼奇特。

這個看起來好像無法超越的國家劃分，是最近的事：十八世紀時，假如有人對法國的某個居民提出身分的問題，他會照順序回答他是天主教徒，國王的子民，省民或鎮民。一直要到 1792 年瓦爾密（Valmy）戰役的法國大革命士兵們大喊「國家萬歲！」之後，教會與國王之間才留了位置給法國，有如新的想像團體一般。在我們國家，語言（沒有爭論）、國家與文化之間的重疊不是標準，而是例外：法國是一個整體。要成為法國人很難，因為這個整體是沒有縫隙的。整體，不容討價還價。

在所有這些國家之間，再也不存在縫隙，地球儀上沒有白色，再沒有冒險家、憤世嫉俗者、猶豫不決者或造反者的庇護所。我們所有人都被箝制住，我們的命運和多少有些神秘的團體的命運綁在一起。這些團體當中，有些比另一些更具決定性：我的多種忠貞又怎樣呢？

法國？有些太超過的論戰者擔心移民會以一個民族取代另一個民族，擔心法國變成阿拉伯斯坦省（Arabistan）。當羅馬人入侵高盧時，高盧人也有這種感覺嗎？我覺得因為混雜，因此法國就是法國。此外，我們的國家一方面羨慕它過去、現在與未來的多元性，一方面要避免次要的爭吵，使排外運動邊緣化，讓新來的人「融入」；跟過去一樣，這些新來的人將改變法國，再由法

國改變他們自己。不再冒充高盧人的我們，將找回自尊、偉大與吸引力，而不要讓我們之間最優秀的人第一個逃向美國。

　　猶太身分呢？更脆弱。讓一個民族生存了二十個世紀，沒有領土，沒有邊界，沒有宗教領袖也沒有臨時領袖，實際上是最想像的團體。本札卡伊（Yohanan ben Zakkaï）將把它創造出來：這位協助羅馬人拿下耶路撒冷的教士，一方面提出希伯來人在失去他們的土地與殿堂之後仍然存活下來的說法，一方面以律法書的研究代替他們的領地，以祈禱代替犧牲。本札卡伊沒有排除讓希伯來人返回巴基斯坦，但他避免推定日期：猶太人等待彌賽亞，就像人們等待果陀，唯有等待是有趣的。這一天，猶太人住在遠離以色列的人數比住在以色列的多。他們之中有很多都不是信徒、非猶太復國主義者，甚至反猶太復國主義者；他們是道地的猶太人。二十個世紀過去了：本札卡伊的繼承人（我也是）受到威脅，不是因為恨，而是因為愛，猶太聚集區有半數猶太人娶非猶太人，他們的後代就消融在其他想像團體中。最終，他們會還是以色列人，但猶太人呢？或許他們因為永久問題而造成的大遷徙也有盡頭？

　　美國也像他們所表現的一樣完美？領土穩定，憲法也是，但移民不是。要知道每年有大約二百萬移民進入美國，從現在開始二個世代之後，這些都將是「美國族」，無人能預測。這個新「種族」會讓「第一佔領者」（或說印地安人之後的第二個）的寬容、平均主義延續下去嗎？它的語言或它的主要語言會是什麼？這個美國會一直像它寫在自由女神底座上的文字一樣，接待「（那些）窮人、（那些）前仆後繼嚮往自由、疲憊不堪的人、那些被暴風

雨拋棄在人滿為患的岸上的廢物？」它會堅持給予自由資本主義與民主，繼續當它世界的警察嗎？還是它也會自我反省，像1920年代那樣，允許法西斯主義、共產主義與納粹主義利用這個空檔一樣？2016年的大選不會讓人擔心，它會利用「其他人」的害怕，就好像入境移民變成整個國家的一個威脅？但選舉讓黑暗區更黑暗，也不會照亮中央區。綜合這些情況，顯然制度將持續定義美國到它的移民永遠達不到的境地。就像我做過的，美國人的未來將堅持和美國簽訂一張合約，那就是憲法，而他們將如忠誠誓詞所說的，成為「公民」（citoyens），而非臣民（sujets）。美國的整個歷史顯示這個憲法定義了多少「美國種族」，而且沒有其他的。

　　以旅遊來講，擁有二本護照比一本值錢嗎？站在出發線上，我想像擁有二本護照會醫好我面對整個權威時的不安全感。現在我害怕二個國家而不是一個，我移民二次，我有二倍的鄉愁，但我也有二個國家保護我。這個在多重身分之間的游牧生活，必須要不斷適應。從某個語言到另一個語言，但有時會發生美國詞語干擾到你的法語，或相反的情況，像根刺卡在喉嚨一樣。在巴黎，把壞心情表現出來，或把所有時代的不幸歸咎於政府，或把生氣表現出來，甚至不向或幾乎不向鄰居打招呼，都是可以的。回到紐約，看到什麼都要表示關心，看到什麼都說awesome或super，跟大樓的門房打招呼，不管他的心情或你的心情如何，都要大聲說一句How are you today？這些都很重要。這個海洋的造房子遊戲禁止打瞌睡，即使，我們有時渴望待在家裏的安詳；我瞭解大多數人都喜歡生根，只要有根而且「在某處出生」

（d'être né quelque part）[1]。

1996 年的牛津大學萬靈學院（All Souls College），當然是世界上最聲名卓著的大學。我在一位英國堂哥的陪同下去和俄羅斯知識界的自由哲學家與史學家以撒・柏林（Isaiah Berlin）見面。從這間學院畢業的奧慶（David Aukin）是英國的一位傑出電影製片。他的父母，跟我父母一樣，在 1933 年逃離德國，但他們選擇移民英國。一個世代之後，他們的孩子，我的堂兄弟們已成為真正的英國人。這會比成為法國人更容易嗎？我突然想要成為大不列顛人……

我問拉脫維亞出生，在英格蘭教書的以撒・柏林，覺得自己是不列顛人或美國人（因為他擁有這二個國籍）、法國人（因為他的妻子），或以色列人（他希望在此終世）？他回答我：「真是無聊的問題。我都不是，我們只是我們這個時代的公民。」

柏林說的沒錯：時代是我們深層的身分。在我們的「證件」上，發照日期跟發照國一樣重要。

我們以為自己來自某個地方，其實我們來自某個時代。

---

1. 喬治・布拉桑斯（Georges Brassens），La Ballade des gens qui sont nés quelque part。

國家圖書館出版品預行編目資料

我為何成為美國公民—我的猶太人旅程/ 索爾孟
著. -- 初版. -- 臺北市：允晨文化, 2018.03
面； 公分. -- (當代叢書；76)

ISBN 978-986-5794-99-6(平裝)

1.索爾孟 2.傳記

785.28   107002386

當代叢書⑯

我為何成為美國公民—我的猶太人旅程

作　　者：索爾孟
發 行 人：廖志峰
執行編輯：簡慧明
法律顧問：邱賢德律師
出　　版：允晨文化實業股份有限公司
地　　址：台北市南京東路三段21號6樓
網　　址：http://www.asianculture.com.tw
e - mail：ycwh1982@gmail.com
服務電話：(02)2507-2606
傳真專線：(02)2507-4260
劃撥帳號：0554566-1
印　　刷：欣佑彩色製版印刷股份有限公司
裝　　訂：聿成裝訂股份有限公司
初版日期：2018年3月

定價：新台幣350元
ISBN：978-986-5794-99-6
本書如有缺頁、破損、倒裝，請寄回更換